人力资源开发与管理探究

杨利军　胡安阳　徐　丽◎著

吉林文史出版社

图书在版编目（CIP）数据

人力资源开发与管理探究 / 杨利军，胡安阳，徐丽

著. -- 长春：吉林文史出版社，2024. 7. -- ISBN 978-

7-5752-0452-1

Ⅰ. F241；F243

中国国家版本馆 CIP 数据核字第 2024AU1025 号

RENLI ZIYUAN KAIFA YU GUANLI TANJIU

书　　名	人力资源开发与管理探究	
作　　者	杨利军　胡安阳　徐　丽	
责任编辑	陈　昊	
出版发行	吉林文史出版社有限责任公司	
地　　址	长春市福祉大路 5788 号	
网　　址	www. jlws. com. cn	
印　　刷	北京四海锦诚印刷技术有限公司	
开　　本	710mm×1000mm　1/16	
印　　张	14. 75	
字　　数	230 千字	
版　　次	2025 年 3 月第 1 版　2025 年 3 月第 1 次印刷	
定　　价	58. 00 元	
书　　号	ISBN 978-7-5752-0452-1	

前　言

　　资源推进社会发展的进程，从 20 世纪中叶的能源，到 20 世纪中后期的资金，再到 21 世纪的人才，核心资源不断发生变化，但人类对资源的争夺却从未停歇。当今时代由知识性组织主导，人才的专业技能显然已经成为推动企业长远发展和创新的最重要力量。企业若想在激烈的市场竞争中取得核心竞争优势，就必须投入更多资源争夺优质人才，把管理的重心从物质资源转移到人力资源。其实，在企业发展历程中，人力资源不仅起着基础性的保障作用，同时也具有高度的战略作用，对人力资源进行有效的开发与管理是保障一个企业战略目标实现的重要前提，同时也是企业提升竞争力的重要举措。人力资源管理这一概念经过多年发展，已经经历了从传统人力资源管理到人力资源信息管理、互联网信息管理等各个阶段，并结合企业的需要及时代的发展形成多种管理模式。尤其随着人工智能、区块链、大数据等新技术的快速发展与应用，数字化转型俨然已成为全球发展的趋势。在数字化时代，企业人力资源管理迎来新的挑战，过度依赖人工作业的传统管理方式显然无法完成未来数字化时代的人力资源管理工作。人力资源管理理念更新、职能转型、人才管理机制创新迫在眉睫。企业必须从信息技术的角度出发，紧跟信息时代的步伐，加强对人力资源管理的改革与创新，促进企业人力资源管理质量和水平不断提升，才能充分发挥人力资源的优势，有效推进企业的持续与稳定发展。

　　本书围绕人力资源开发与管理展开研究，从发展历程到基础理论，再到具体工作环节，构建出一个完整的人力资源管理框架。书中不仅关注人力资源的培训与开发，还深入探讨绩效管理与员工激励、薪酬福利以及劳动关系管理等多个方面；同时，本书还敏锐地捕捉到人力资源管理的技术创新趋势，由此探讨信息化、人工智能、区块链及数据挖掘等技术在人力资源管理中的应用前景。

　　本书在写作过程中，参阅和引用了国内外学者的大量著作和研究成果，在此谨向著述者表示诚挚的谢意。由于笔者水平有限，书中难免有不足和疏漏之处，敬请各位专家和读者不吝赐教。

作者

2024 年 1 月

目　　录

第一章 人力资源管理的理论框架

第一节 人力资源管理的发展历程

一、人力资源管理的演变历程

自古以来，只要有人存在的地方，就会存在对人的管理。现代人力资源管理的演变大致经历了四个阶段：第一阶段为1850—1900年的福利人事管理阶段，第二阶段为1900—1930年的科学管理阶段，第三阶段为1930—1950年的人际关系管理阶段，第四阶段为1950年至今的人力资源管理阶段。

（一）福利人事管理阶段（1850—1900年）

在工业革命之前，家庭制手工业占主导地位，这种产业结构不需要专门的人事管理。18世纪中叶到19世纪中叶，英国及其他一些资本主义国家出现了产业革命，促使机器大工业代替家庭手工业，引发了生产力水平的提高以及生产方式的重大变革。随着工业革命的兴起，大量的农村人口涌入城市，出现了产业阶层，雇佣劳动也随之产生。由于当时社会普遍重视增加产量，把人视为"会说话的工具"，完全无视工人们的感受和心理需要，于是出现了劳工问题。

劳工问题的解决措施催生福利人事概念的形成与发展。所谓福利人事，即由企业单方面提供或赞助的、旨在改善企业员工及其家庭成员的工作与生活的一系列活动与措施。古典经济学家亚当·斯密（Adam Smith）认为劳动分工是提高劳动生产率的因素之一，并提出了"经济人"的观点。英国空想社会主义者罗伯特·欧文（Robert Owen）在自己的工厂中先后做了许多人事管理方面的试验，并注意到了企业内"人"的重要性。在英国，本杰明·西博姆·朗特里（Benjamin Seebohm Rowntree）在他的约克可可厂采取了关心人的福利做法，而且改变了某种欠缺怀柔主义的现象，同时在自己工厂中设立一个"心理学部"，聘请了一位社会学家在这个部门工作。19世纪后期，欧美的一些企业设立了"福利工作部门"和"福利秘书"，目的是改善工人的生活。

福利人事是在"关心工人"和"改善工人境遇"的观念基础上建立起来的，然而，它的作用在实践中并没有得到体现。从1910年开始，福利人事逐渐被人事管理所替代。

（二）科学管理阶段（1900—1930年）

19世纪末到20世纪初，随着生产效率的提高和劳动分工的进一步细化，要求对人员进行科学的管理。科学管理是在19世纪出现的一种管理方法，它尝试通过工作方法、时间和研究以及专业化来解决劳动和管理的无效率。

科学管理之父弗雷德里克·W.泰罗（Frederick W. Taylor）运用"时间—动作"分析方法进行了大量的试验，并得出劳动组织方式和报酬体系是生产率问题的根本所在。

他还提出了科学管理的理论，其主要内容如下：

一是通过对工人工作的每一个操作要素进行研究，改变过去依赖经验的状况。

二是为了提高生产率，对工人进行科学的选择和培养。

三是使工人切实掌握标准化的操作方法，使用标准化的工具、机器和材料，并使作业环境标准化。

四是实行差别工资报酬制度，激励工人努力工作。

五是雇主和工人双方都应该认识到提高效率对双方有利，应该共同为提高劳动生产率相互协作。

六是计划职能和执行职能相分离，推行职能制或直线职能制，使管理人员与作业人员做到分工明确，各司其职。

泰罗的科学管理涉及了工作分析、工作设计、人员招聘、培训、薪酬体系等多个方面，对人事管理概念的产生与发展具有举足轻重的影响，"泰罗制"的推行使美国当时的劳动生产率提高了三倍。人力资源管理的一些基本职能在这一阶段初步形成，同时企业中开始出现了人事部门，该部门负责企业员工的雇用、挑选和安置工作，这些都标志着人力资源管理的初步建立。

（三）人际关系管理阶段（1930—1950 年）

科学管理的本质就是通过科学的工作方法来提高人的劳动效率，它把人作为一种纯粹的生产工具。随着管理者与工人矛盾日益加剧，科学管理越来越不适应管理实践的发展，人事管理进入了比较严格、规范和系统的时代。

1923 年在芝加哥西方电气公司进行的霍桑试验，目的是根据科学管理原理，探讨工作环境对生产率的影响。他们用不同程度的灯光在车间照明，看不同的照明程度如何影响生产率。研究结果出乎研究者的预料：照明程度与生产率无关。之后，梅奥（Mayo）研究心理和社会因素对工人劳动过程的影响，试验结果揭示出：员工不再是单纯的"经济人"，而是有更多社会需求的"社会人"；工人之间由于非正式的接触和交往形成非正式组织。

以霍桑试验为代表的人际关系学派的一系列研究，更深一层地了解了员工的需求，并对需求加以分析，为员工激励提供了科学的保证。霍桑试验证明：员工的生产率不仅受工作设计和员工报酬的影响，而且受许多社会和心理因素的影响。霍桑试验提供了有史以来最著名的员工行为研究结果，也是人力资源管理发展中具有里程碑意义的事件。

梅奥的霍桑试验之后，又有许多学者致力于从心理学和社会学角度对劳动生产率进行研究。经研究发现，人际关系理论是建立在简单的员工行为分析的基础上，它强调组织在了解员工需求的前提下才能提高员工的满意度和生产力，而组织中员工的行为是多种多样的、复杂多变的，不能仅仅认为组织中员工的行为就是人际关系，于是组织行为学逐渐兴起。如马斯洛（Maslow）的需求层次论，麦克·雷戈（Mc Gregor）的 X 理论和 Y 理论，以及赫兹伯格（Herzberg）的双因素理论，斯金纳（Skinner）的强化理论，美国俄亥俄州立大学的管理方格理论等，这些理论将工人设想为有各种需求的"社会人""自我实现人"，把人作为影响劳动生产率的一个重要因素。① 这些理论的提出对企业的雇佣关系管理均具有划时代的指导意义。组织行为学的发展，使得人事管理对个体的研究与管理扩展到了对群体与组织整体的研究与管理，人事管理的研究也更加丰富化。

（四）人力资源管理阶段（1950 年至今）

自 20 世纪 50 年代彼得·德鲁克提出"人力资源"的概念后，引起了人们对人力资源的关注。一些专家学者从不同的角度和深度探讨人、环境和管理的相互关系。20 世纪 60 年代初期，美国人力经济学家舒尔茨教授提出了"人力投资"学说，即美国国民生产总值的快速增长不仅靠物质资本，人力资本的投入也是促进经济发展的重要因素。从此，人事管理开始向人力资源管理转变。人力资源管理以人为中心，注重员工的发展需要，以开发人的内在潜力、发挥人的积极性为原则。它强调人与工作的相适应，从战略的角度思考人力资源管理问题。

一方面，随着科学技术的迅速发展，以微电子技术为标志的信息时代的到来，对管理提出了进一步的要求，人在工作中的能动性对工作的效率和质量具有更重要的作用；另一方面，美国管理学家已从单纯的理性分析转向对管理实践的探索，反思美国企业管理水平整体下滑的原因以及部分成功企业的经验。管理的理论研究者和实际工作者都不约而同地接受了"人本管理"的理念与模式。现代管理实践泰斗德鲁克第一个提出了"人本管理"的思想，在他的著作《管理实践》中，他认为管理的核心是对人的管理，并指出人力资源是唯一能够扩大的资源，将人管理好，既是管理的出发点，也是管理的归宿。人力资源是组织的首要资源，人力资源管理是每一位管理者的职责和任务。

二、人力资源管理发展趋势

随着知识经济时代的到来，人的因素在促进生产力发展上所起到的作用越来越大，对人才的争夺已经成为竞争的一个焦点。另外，社会生活质量的全面提高和人自身需求的变化也给人力资源管理提出了新的要求，综合国内外企业人力资

---

① 贺小刚，刘丽君. 人力资源管理 [M]. 上海：上海财经大学出版社，2015：20.

源管理的发展，呈现出许多新的趋势。

（一）创新与变革不断

包括流程再造、组织重组与再设计将不断进行，企业间的战略结盟与合作日益重要；组织形态向学习型组织发展，趋向于扁平型、网络型组织；投资人（股东）决定经理阶层；设置首席知识执行官或智力资本副总裁，人力资源管理经理将成为通向 CEO 的重要途径；组织设计更注重以满足和适应客户需要为导向；根据核心产品项目形成核心流程，进而围绕工作流程而非部门职能进行管理；组织规模的国际化、全球化；利于更多的基层员工参与管理。

在知识经济时代，劳资双方的关系将发生革命性变化，原来的强制命令越来越难以奏效，劳资双方的"契约关系"越来越变得更像"盟约关系"。在人力资源管理柔性化之后，管理者更加看重员工的积极性和创造性，更加看重员工的自主精神和自我约束。从信息学的角度来分析，原来的信息传递是逐层进行、逐级传递的，这种组织形式在信息高速传递时代很容易反应滞后。因此，精简中层，使组织扁平化将成为一种潮流。人事协调复杂化是由办公分散化等引起的，互联网使分散化办公成为可能。"即时通信"使全体员工能够很好地联系在一起，协同作战，分散化办公将是未来社会的一种不可避免的发展趋势。分散化办公增加了人力资源管理的难度。

（二）将更注重以人为本

知识经济时代是一个人才主权时代，即人才具有更多的就业选择权与工作的自主决定权，人才不是被动地适应企业或工作的要求，善于吸纳、留住、开发、激励一流人才的企业将成为市场竞争的真正赢家。企业要"以人为中心"，尊重人才的选择权和工作的自主权，为人才提供人力资源的产品与服务，并因此赢得人才的满意与忠诚。人才不是简单地通过劳动获得工资性收入，而是要与资本所有者共享价值创造成果。越是高素质、稀缺的人才，越容易获得选择工作的机会，其报酬也越高；人才资源优势越大的企业越具有市场竞争力，也就越容易吸纳和留住一流人才。人力资源管理部门要围绕开发员工能力、调动员工积极性、提高员工满意度来开展好各项工作，实现人力资本价值的最大化。人才可以以其人才资本拥有产权（或股权）开展工作；人力资本、人才资本成为计酬的主导要素，从按劳计酬、按资（产）计酬向重点按知识与其他无形资产计酬、按绩计酬转变。

（三） 与管理创新紧密相关

人力资源管理不仅是人力资源职能部门的责任，更是全体员工及全体管理者的责任。

正确的人力资源管理决策对组织绩效的影响巨大，战略创新和战略性人力资源管理日益重要；企业重视全面创新，即管理创新、组织创新、制度创新、技术创新、产品创新、服务创新等，以创新制胜；日益加强创新体系的建立与完善；技术创新与产品创新行为管理进入崭新的平台；项目管理正改变着传统的职能性组织管理，项目管理能力已经成为公司的核心管理能力。人力资源管理中将使用新的技术手段，利用互联网建立和完善人力资源管理信息系统，以用于人力资源管理决策。

人力资源管理战略与规划成为企业战略管理不可分割的组成部分；人力资源管理状况成为识别企业实力与优劣的重要指标；双轨运营，既经营产品/服务，又经营资本；既分散（无中心公司）又集中（具有全球性协作中心的国家级公司联合体），从国际化的总部中心向全球化无中心转变，形成全球化的思想，地区化的行动。组织的全球化必然要求人力资源管理策略的全球化，通过人力资源的开发与培训，使得企业经理人才和员工具有全球化的概念。

（四） 与企业文化建设紧密结合

人力资源管理与企业文化建设紧密结合主要体现在以下三点。

一是业务流程再造、组织结构再设计、管理与评估系统重建、价值观重塑等都视为人力资源管理问题。

二是高度重视企业价值观的构建，突出企业宗旨、使命、愿景的设计，更加重视未来性"变化管理"，强调认识变化、关注变化、适应变化、主动变革、控制变革；鼓励创新和适度冒险，重视创造未来，宽容工作过失，重视失败的经验；注重相互信任、相互沟通、资源共享、团队协作，部门合作逐步形成"无界状态"，尊重知识、尊重人才，重视实绩；承认能力差异、效率差异、业绩差异和报酬差异；工作生活质量日益受到重视；更多地下放权力和向一线员工授权，重视员工参与；学习成为个人终身化行为，培训成为组织的战略投资行为等；形成创新文化、沟通文化、团队文化、绩效文化、人才文化、培训文化、竞争与合作文化等。

三是跨文化沟通加强，重视文化自尊，消除文化奴性。国际化的人才交流市场与人才交流将出现，并成为一种主要形式。人才的价值（价格）将不仅是在一个区域市场内体现，更多的是要按照国际市场的要求来看待，跨文化的人力资源管理成为重要内容。

（五）推动内部客户理念

企业人力资源管理的新职能就是向员工持续提供客户化的人力资源产品与服务。从某种意义来说，人力资源管理也是一种营销工作，即企业要站在员工需求的角度，通过提供令顾客满意的人力资源产品与服务来吸纳、留住、激励、开发企业所需要的人才。从新世纪的企业经营价值链的角度看，企业要赢得顾客的满意与忠诚，必须赢得员工的满意与忠诚；企业要把客户资源与人力资源结合起来，致力于提升客户资本价值与人力资本价值。

人力资源管理者要扮演工程师兼销售员兼客户经理的角色，一方面，人力资源管理者要具有专业的知识与技能；另一方面，要具有向管理者及员工推销人力资源的产品与服务方案的技能。人力资源管理的服务包括建立共同愿景，使员工期望与企业发展目标一致；提供持续的人力资源开发与培训，提升员工的人力资本价值；通过富有竞争性的薪酬体系及信息、知识、经验等的分享来满足员工多样化的需要；让员工参与管理，授予员工自主工作的权利与责任，建立支持与求助系统，为员工提高工作绩效，完成工作目标提供条件。

第二节　人力资源管理的基础知识

一、人力资源的基本分析

"资源"一词在字典中被解释为"一国或一定地区内拥有的物力、财力、人力等各种物质要素的总称"。人力资源由于其不同于其他资源的特点，被称为组织发展最重要的第一资源。

（一）人力资源的定义

人力资源有广义与狭义之分。广义的人力资源，是指以人的生命为载体的社会资源，凡是智力正常者都是人力资源；狭义的人力资源，又称劳动力资源或劳动力，是指能够推动整个经济和社会发展、具有劳动能力的人口总和，是能够推动特定社会系统发展、进步并达到其目标的该系统人们能力的总和，包括数量和质量两个方面。

人力资源是一个涵盖面很广的理论概括，分析人口资源、人力资源、劳动力资源和人才资源的关系有助于准确地理解人力资源的实质和内涵。

人口资源是指一个国家或地区的人口总和，其主要表现是数量概念，但它是一个最基本的底数。

劳动力资源是指一个国家或地区有劳动能力并在"劳动年龄"范围之内的人口总和，是人口资源中拥有劳动能力且进入法定劳动年龄的那一部分。

人才资源则是指一个国家或地区具有较强的管理能力、研究能力、创造能力和专门技术能力的人口的总称。

人口资源是一个数量概念，但它是一个最基本的底数。劳动力资源包含于人口资源中，是人口资源中拥有劳动能力的那一部分人，通常是 18 岁至 60 岁的人口群体，这一人口群体必须具备从事体力劳动或脑力劳动的能力，偏重的是数量概念。

人力资源则包含了数量和质量两个概念，它不仅要求具有劳动能力，同时还要求具有健康的、创造性的劳动，必须能推动社会的发展、人类的进步，因此，它所包含的必须有质量的指标。人才资源主要突出质量的概念，必须是人力资源中较杰出、较优秀的那一部分，它能影响和帮助其他人群共同创造财富，它表明的是一个国家或地区所拥有的人才质量，应能较客观地反映一个民族的素质和这一民族可能拥有的前途。这一部分人是各民族最受重视的一部分人，也是世界各国所瞩目的。

（二）人力资源数量

人力资源数量是指一个国家或地区拥有劳动能力的人口资源，以中国人口的劳动适龄来区分，具体反映由"就业、求业和失业人口所组成的现实人力资源"，不同国家标准不同。

人力资源的数量又分为绝对量和相对量两种。人力资源绝对量，指的是一个国家或地区拥有的具有劳动能力的人口资源，即劳动力人口的数量。对企业而言，人力资源的数量一般来说就是其员工的数量；对国家而言，人力资源数量可以分为现实人力资源数量和潜在人力资源数量两个方面。人力资源的数量分类见下表1-1。

表1-1　人力资源的数量

序号	名称	范围
1	适龄就业人口	处于劳动能力之内、正在从事社会劳动的人口，它占据人力资源的大部分
2	未成年就业人口	尚未达到劳动年龄，已经从事社会劳动的人口
3	老年劳动者或者老年人就业人口	已经超过劳动年龄，继续从事社会劳动的人口
4	待业人口	处于劳动年龄之内，具有劳动能力并要求参加社会劳动的人口
5	求学人口	处于劳动年龄之内，正在学习的人口
6	家务劳动人口	处于劳动年龄之内，正在从事家务劳动的人口
7	军队服役人口	处于劳动年龄之内，正在军队服役的人口
8	其他人口	处于劳动年龄之内的其他人口

其中，1~3 属于社会在业人口，是已在利用的人力资源；1~4 为社会经济活动人口，属于现实劳动力供给，是现实的人力资源；5~8 部分尚未形成现实的劳动力供给，属于潜在形态的人力资源。以上 1~4 部分是现实的社会劳动力供给，具有直接性和开发性；5~8 部分并未构成现实的社会劳动力供给，具有间接性和尚未开发性，是人力资源的潜在形态。

（三）人力资源质量

人力资源的质量指人力资源所具有的体质、智力、知识和技能水平，以及劳动者的劳动态度，一般体现在劳动者的体质、文化、专业技术水平及劳动积极性上。

人力资源的质量构成是一个国家劳动力素质的综合反映，包括体能素质、智能素质和非智力素质。其中，体能素质又包括先天体质和后天体质；智能素质包括经验知识和科技知识；非智力素质包括心理素质和积极性。

人力资源开发中的数量和质量是相互统一的。数量是基础，质量是关键和核心。人口过多会造成很多社会问题，人力资源管理的重点应该放在质量上。不解决人力资源的社会问题会阻碍社会的发展。

（四）人力资本

人力资本是指个体或群体通过教育、培训、经验积累等方式所获得的知识、技能、经验和能力，以及能够为个人和社会创造经济价值的劳动力资源。

对人力资本应从两方面综合理解：一是人力资本现有的存量，即人力资本积累的状况；二是人力资本的流量，即人力资本投资的状况，它构成人力资本积累的基础。

（五）人力资源的特征

人力资源作为不同于财力、物力的第一资源，有着其本身的特殊性，主要表现在以下五个方面。

1. 人力资源具有主观能动性

人力资源具有独立的个性特征、思想意志，可以自主地选择职业，有目的、有意识地开展劳动，劳动效果也因个人能力、水平、能动性的不同而存在差异。同时人力资源在社会生产中除按要求完成既定工作外，还能充分发挥其创造性，促进社会精神和物质文化的不断革新。

2. 人力资源具有社会性

人不是单独存在的，而是在一定的社会群体中发展起来的，人的价值观、能力、劳动态度等都受到外部环境的影响，所以对人力资源的研究不能与其社会性割裂开来。人力资源的劳动以群体劳动为主，不同的人在群体中分工不同，承担不同的社会角色和社会责任。所以从本质上说人力资源是一定社会生产方式下的经济资源，反映一定的社会关系。

3. 人力资源具有时效性

人力资源是社会中具有劳动能力的人口的集合，所以人力资源是与一个人的生命周期息息相关的，只有具备一定的劳动能力才被称为人力资源。且在生命周期的不同时期人力资源所表现出来的资源效力也不同，比如初入劳动市场时期由于经验、能力等不足，资源效力处于低谷，随着能力不断累积提升，资源效力也在随之升高，最终达到顶峰。

4. 人力资源具有双重性

人力资源既是生产的主体，也是消费的主体，两者统一于一身，不可分割。作为生产主体，人力资源通过社会劳动不断发挥主观能动性创造社会财富、推动社会发展；作为消费主体，人力资源享受着社会进步带来的物质和文化产品，拉动社会进一步革新以满足更高的消费需求。

5. 人力资源具有再生性

人力资源是一种可再生资源，是可以循环利用的资源。它不像其他自然资源，损耗后无法再生和重复使用。人力资源在自然损耗之后，即体力下降、机能退化后，可以通过医疗保健等措施尽快恢复或延迟损耗。在无形损耗，即社会发展带来的知识淘汰、能力下降后，可以通过学习、培训等措施及时更新和补充。

所以在对人力资源的管理中，应充分利用人力资源特性，注重二次开发甚至重复开发。

二、人力资源管理的基本内涵

(一) 人力资源管理的定义理解

人力资源管理是管理学中的一个崭新和重要的领域，在管理活动中具有举足轻重的地位。因此，在定义人力资源管理的内涵时，首先要了解管理的概念。

关于管理的概念，已故管理学家孔茨认为：管理就是设计并保持一种良好环境，使人在群体里高效率地完成既定目标的过程，展开为"计划、组织、人事、领导、控制"五大职能。

人力资源管理是一种组织管理职能。对于它的定义，国内外的学者给出了许多解释：有的是从人力资源管理的目的来定义的，有的是从人力资源管理的过程或承担的职能来定义的，有的是从人力资源管理的实体（制度和政策等）来定义的，也有的是从人力资源管理的主体来定义的，还有的是从目的过程综合来定义的。

本书认为，人力资源管理就是现代的人事管理，是指企业（组织）为了获取、开发、保持和有效利用在生产和经营过程中必不可少的人力资源，通过运用科学、系统的技术和方法进行各种相关的计划、组织、领导和控制的活动，以实现企业（组织）的既定目标。即运用现代化的科学方法，对与一定物力相结合的人力进行合理的组织、培训和调配，使人力、物力经常保持最佳比例，同时对人的思想、心理和行为进行恰当的诱导、控制和协调，充分发挥人的主观能动性，使人尽其才、事得其人、人事相宜，以实现组织的目标。

根据定义可以从两方面来理解人力资源管理。

1. 对人力资源外在要素的管理

对人力资源外在要素的管理，即是对人力资源进行量的管理，是根据人力和物力及其变化，对人力进行恰当的培训、组织和协调，使两者经常保持最佳比例和有机结合，使人和物都充分发挥出最佳效应。

2. 对人力资源内在要素的管理

对人力资源内在要素的管理，即是对人力资源进行质的管理，主要是指采用现代化的科学方法，对人的思想、心理和行为进行有效的管理（包括对个体和群体的思想、心理和行为的协调、控制和管理），充分发挥人的主观能动性，以达到组织目标。

（二）人力资源管理的功能

现代企业人力资源管理，具有以下五种基本功能。

1. 获取功能

根据企业目标确定的所需员工条件，通过规划、招聘、考试、测评、选拔，获取企业所需人员。

2. 整合功能

通过企业文化、信息沟通、人际关系和谐、矛盾冲突的化解等有效整合，使企业内部的个体、群体的目标、行为、态度趋向企业的要求和理念，使之形成高度的合作与协调，发挥集体优势，提高企业的生产效益。

3. 保持功能

通过薪酬管理、考核、晋升等一系列管理活动，保持员工的积极性、主动性、创造性，维护劳动者的合法权益，给员工提供安全、健康、舒适的工作环境，以增进员工满意度，使之安心地工作。

4. 评价功能

对员工工作成果、劳动态度、技能水平，以及其他方面做出全面考核、鉴定和评价，为做出相应的奖惩、升降、去留等决策提供依据。

5. 发展功能

通过员工培训、工作丰富化、职业生涯规划与开发，促进员工知识、技巧和其他方面素质提高，使其劳动能力得到增强和发挥，最大限度地实现其个人价值和对企业的贡献率，达到员工个人和企业共同发展的目的。

（三）人力资源管理的内容

人力资源管理通常包括以下十点。

1. 职务分析与设计

即对企业各个工作职位的性质、结构、责任、流程，以及胜任该职位工作人员的素质、知识、技能等，进行调查分析，在获取相关信息的基础上，编写出职务说明书和岗位规范等人事管理文件。

2. 人力资源规划

即把企业人力资源战略转化为中长期目标、计划和政策措施，包括对人力资源现状分析、未来人员供需预测与平衡，确保企业在需要时能获得所需要的人力资源。

3. 员工招聘与选拔

即根据人力资源规划和工作分析的要求，为企业招聘、选拔所需要的人力资源并录用安排到一定岗位上。

4. 员工绩效考评

即对员工在一定时间内对企业的贡献和工作中取得的绩效进行考核与评价，及时做出反馈，以便提高和改善员工的工作绩效，并为员工培训、晋升、计酬等人事决策提供依据。

5. 员工薪酬管理

主要包括对基本薪酬、绩效薪酬、奖金、津贴及福利等薪酬结构的设计与管理，以激励员工更加努力地为企业工作。

6. 员工激励

即采用激励理论和方法，对员工的各种需要予以不同程度的满足或限制，引起员工心理状况的变化，以激发员工向企业所期望的目标而努力。

7. 员工培训与开发

即通过培训提高员工个人、群体和整个企业人员的知识、能力、工作态度和工作绩效，进一步开发员工的智力潜能，以增强人力资源的贡献率。

8. 员工职业生涯规划

即鼓励和关心员工的个人发展，帮助员工制订个人发展规划，以进一步激发员工的积极性、创造性。

9. 人力资源会计

即与财务部门合作，建立人力资源会计体系，开展人力资源投资成本与产出效益的核算工作，为人力资源管理与决策提供依据。

10. 员工劳动关系管理

即协调和改善企业与员工之间的劳动关系，进行企业文化建设，营造和谐的劳动关系和良好的工作氛围，保障企业经营活动的正常开展。

（四）人力资源管理与人事管理辨析

从人事管理向人力资源管理的转变，是一个漫长的历史过程，它们既有一定的相关性，又有本质的区别，它们不仅是称谓的变换和职能部门名称的改变。

1. 人事管理与人力资源管理的联系分析

从人力资源管理的发展历史看，人力资源管理与人事管理是分别在不同的发展阶段、不同理念的基础上对人的管理制度和方法的总和，但两者不是完全割裂、毫无关系的。人力资源管理是对人事管理的一种继承，人事管理中的许多职能仍然是人力资源管理职能中的组成部分，但这些职能已随着人力资源管理环境的变化而发生变化；在继承人事管理的基础上，人力资源管理吸收了许多新理念、新思想，以一种全新的角度、更开阔的视野重新审视对人的管理，并且取得了跨越式的进步。

2. 人事管理与人力资源管理的区别分析

（1）视角不同

人事管理把人力看作成本，注重的是投入、使用和控制。人力资源管理把人作为一种资源，注重产出和开发。从成本的角度出发，管理活动追求的是人员的减少和人力成本的节约；从资源的角度出发，管理活动会重视对人力资源的开发和利用。

（2）理念不同

在管理理念方面，人事管理是以事为中心，把人看作执行命令的机器，要求人被动地去适应事。"以人为本"是人力资源管理的管理理念，它把人当作企业最重要的资源，并在注重人需求的前提下，积极从事人力资本的投资，开发人力资源，从而推动组织和社会的全面发展。

（3）职责不同

人事管理属于行政管理的范畴，是组织的辅助部门，对组织的业绩没有直接贡献，主要的工作是负责员工的考勤、档案及合同管理等事务性的工作。人力资源部门更具有效益观念，吸纳和开发人力资源成为人力资源部门工作的重中之重，人力资源部门成为组织战略决策的参与者。

（4）内容不同

人事管理主要依靠经验主义的管理方法，一般只限于人员的招聘、选拔、分派和工资的发放等较为简单的工作，这些工作的出发点和侧重点在于管理与人有关的事，以谋求人与事相宜为目标。人力资源管理包括了人事管理的基本内容，而且利用了当代社会学、心理学、管理学、经济学等现代化的管理手段，扩展了管理工作的范围，同时把人的开发、利用以及潜能开发作为管理工作的重要内容。

（5）地位不同

由管理内容和管理性质决定了人事管理在组织中被看作是技术含量低、无须特殊专长的工作。它是根据企业人员需求而进行的一种相对被动的管理工作，在企业管理中始终处于从属地位。而现代人力资源作为企业的第一资源，在企业管理活动中的地位已经发生了根本的变化。随着人力资源管理的功能和作用的拓展，人力资源部门逐渐成为具有决策职能的部门，并且发挥着越来越重要的作用。

三、人力资源管理的价值分析

在一个组织中，只有求得有用人才，合理使用人才，科学管理人才，有效开发人才等，才能促进组织目标的完成和个人价值的实现，而这些都有赖人力资源的管理。现代管理理论认为，对人的管理是现代企业管理的核心。

关于现代人力资源管理对企业的价值，可以从以下五方面分析。

（一）能够促进生产经营的顺利进行

企业拥有三大资源，即人力资源、物质资源和财力资源。而物质资源和财力资源的利用是通过与人力资源的结合来实现的。只有合理地组织劳动力，不断协调劳动力之间、劳动力与劳动资料和劳动对象之间的关系，才能充分利用现有的生产资料和劳动力资源，使它们在生产经营过程中最大限度地发挥作用，形成最优的配置，从而保证生产经营活动有条不紊地进行。

（二）能够调动企业员工的积极性，提高劳动生产率

企业的员工有思想、有感情、有尊严，这就决定了企业人力资源管理必须设法为劳动者创造一个适合于他们的劳动环境，使他们乐于工作，并能积极主动地把个人劳动潜力和智慧发挥出来，为企业创造出更有效的生产经营成果。因此，企业必须善于处理好物质奖励、行为激励和思想教育工作三方面的关系，使企业员工始终保持旺盛的工作热情，充分发挥自己的专长，努力学习技术和钻研业务，不断改进工作，从而达到提高劳动生产率的目的。

（三）能够减少劳动耗费，提高经济效益并使企业的资产保值

经济效益是指进行经济活动所获得的与所耗费的差额。减少劳动耗费的过程，就是提高经济效益的过程。所以，合理组织劳动力，科学配置人力资源，可以促使企业以最小的劳动消耗取得最大的经济成果。在市场经济条件下，企业的资产要保值增值，争取企业利润最大化，价值最大化，就需要加强人力资源管理。

（四）能够帮助企业建立现代企业制度

科学的企业管理制度是现代企业制度的重要内容，而人力资源的管理又是企

业管理中最为重要的组成部分。一个企业只有拥有第一流的人才，才能充分而有效地掌握和应用第一流现代化技术，创造出第一流的产品。不具备优秀的管理者和劳动者，企业即使拥有先进设备和技术也不能发挥作用。提高企业现代化管理水平，最重要的是提高企业员工的素质。可见，注重和加强对企业人力资源的开发和利用，搞好员工培训教育工作，是实现企业管理由传统管理向科学管理和现代管理转变不可缺少的一个环节。

（五）能够建立和加强企业文化建设

企业文化是企业发展的凝聚剂和催化剂，对员工具有导向、凝聚和激励的作用。优秀的企业文化可以增进企业员工之间团结和友爱，减少教育和培训的经费，降低管理成本和运营风险，并最终使企业获取巨额利润。

四、人力资源管理面临的机遇与挑战

人力资源是第一资源，人力资源管理的水平决定企业在未来竞争中的成败。随着社会经济的发展和全球竞争的加剧，人力资源管理既面临前所未有的机遇，又面临一系列全球化带来的巨大挑战与冲击。

（一）经济全球化

经济全球化是指世界经济活动超越国界，通过对外贸易、资本流动、技术转移、提供服务、相互依存、相互联系而形成的全球范围的有机经济整体。经济全球化是当代世界经济的重要特征之一，也是世界经济发展的重要趋势。

经济全球化加快了跨国公司的产生和发展，组织为了应对全球化带来的挑战，必然要求人力资源管理策略的全球化。市场的不断变化以及国内市场国际化使得国际经营对任何一个企业来说都变得越来越重要。

（二）管理战略化

人力资源管理战略化是指企业将人力资源管理从停留在处理具体事务的战术层面上提升到结合企业经营方式参与企业战略决策的战略层面上，即企业实施战略性人力资源管理。人力资源真正成为企业的战略性资源，人力资源要为企业战略目标的实现承担责任，为企业创造价值，打造企业的核心竞争力。战略人力资源管理强调人力资源管理与企业战略的匹配与契合，认为人力资源是组织获得竞争优势的首要资源，人力资源管理的核心职能是参与战略决策，其目的是在保证人力资源管理与企业战略保持高度协调一致的基础上实现企业目标，提高组织绩效。

（三）人才多元化

人才多元化是指由于组织员工的出生背景、教育程度、宗教信仰和人生经历不同，导致每个人具有不同的价值观念。经济全球化必然带来组织员工构成和价值观的多元化，这是经济全球化的必然结果。不同的价值观会有不同的价值标准和价值追求，从而影响到员工在组织中的具体行为，导致管理上的复杂化。人力资源管理部门必须通过培养组织文化和实行部门重组等方式来引导员工的价值追求与组织的价值追求相匹配，从而获得共同发展。

（四）管理信息化

人力资源管理信息化是指通过对现代化信息技术的应用，开发和使用组织的信息资源，以达到降低成本、提高人力资源管理效率、改进员工服务模式以及实现人力资源信息共享与有效整合解决方案的目的。在人力资源管理工作中，信息技术能够支持招聘、培训、绩效管理、薪酬管理和组织文化等模块的建设，实现人力资源管理工作的全过程信息化。人力资源管理信息化有利于减少管理层次，从而合理调整组织结构；有利于组织内外部信息传递的及时、高效，且可实现信息资源的共享，从而提高工作质量和工作效率。

（五）管理柔性化

人力资源柔性管理是指以人为中心，在提高员工对企业的向心力、凝聚力与归属感的基础上，降低对员工的约束力，提高他们自我管理能力，将组织的意志变为员工的自觉行动，从而提高员工工作满意度和忠诚度。柔性管理的最大优势在于它能够将人本管理与环境变化有机结合起来，并且从内心深处来激发每个员工的内在潜力、主动性和创造精神，提高员工的绩效和组织绩效。

企业为了调动员工的积极性，提高组织运作的效率和对市场的响应速度，正在把人力资源管理方式由"刚性管理"转向"柔性管理"。柔性化管理能使组织更加灵活、敏捷，从而保证了组织决策的顺利执行和企业目标的实现。

第三节　人力资源管理的理论依据

一、需要层次理论

美国最具盛名的心理学家亚伯拉罕·马斯洛创立了人本主义心理学，在以弗洛伊德为代表的精神分析学派和以华生为代表的行为主义之后，形成了心理学上的"第三思潮"。他在《人类动机的理论》等著作中，提出了著名的"人类需要层次论"，把人的需求按其重要性和发生的先后分为五个层次，人们一般按照先后次序来追求各自的需求与满足。等级越低者越容易获得满足，等级越高者则获得满足的比例越小。[1]

（一）生理需要

生理上的需要包括维持生活和繁衍后代所必需的各种物质上的需要，即衣、食、住、医、行等。这些是人们最基本、最强烈、最明显的需要。在这一层需要没有得到满足之前，其他需求不会发挥作用。

（二）安全需要

如生活保障、生老病死有依靠等。一旦生理需要得到了充分满足，就会出现安全上的需要——想获得一种安全感。

---

[1]　周希林，陈媛. 人力资源管理 [M]. 武汉：华中科技大学出版社，2012：32

（三）爱和归属感

这一层次的需要包括两方面：一是友爱的需要，即人人都需要伙伴之间、同事之间的关系融洽或保持友谊和忠诚；人人都希望得到爱情，希望爱别人，也渴望接受别人的爱。二是归属的需要，即人都有一种归属于一个群体的感情，希望成为群体中的一员，并相互关心和照顾。

（四）尊重的需要

人们对尊重的需要可分为内部尊重和外部尊重。内部尊重就是人的自尊，指一个人希望在各种不同情境中有实力、能胜任、充满信心、能独立自主，包括对获得信心、能力、本领、成熟、独立和自由等的愿望；而外部尊重是指一个人希望有地位、有威望，受到别人的尊重、信赖和高度评价，主要包括威望、承认、接受、关心、地位、名誉和赏识。

（五）自我实现的需要

这是最高层次的需要，它是指实现个人理想、抱负，发挥个人的能力到最大限度，完成与自己的能力相称的一切事情的需要，主要表现为个人的情感、思想、愿望、兴趣、能力，实现自己的理想，并能不断地创造和发展。自我实现的需要是努力发挥自己的潜力，使自己越来越成为自己所期望的人物。

需求层次论指出了从物质到精神，从生理到心理这样一个先后不同的层次。因而促使人们在企业管理理论上进一步深化，去思考在企业的生产过程中，如何更好地从心理上去满足企业职工的高层次需要，帮助他们实现各自的愿望，使他们能够生活在这样一个氛围中。即不仅感到自己是一个被管理者，同时也能够在感情归属、获得安全感和尊敬，以及最后的自我实现方面都有很大的发展余地。

二、X-Y 理论

X 理论和 Y 理论（Theory X and Theory Y），即麦格雷戈的人性假设与管理方式理论。由美国心理学家道格拉斯·麦格雷戈（Douglas McGregor）1957 年在其所著《企业中人的方面》一书中提出来的。这是一对基于两种完全相反假设的理论，X 理论认为人们有消极的工作源动力，多数人天生懒惰，尽一切可能逃避工作；多数人没有抱负，宁愿被领导，怕负责任，视个人安全高于一切；对多数人必须采取强迫命令，软（金钱刺激）硬（惩罚和解雇）兼施的管理措施。而 Y 理论则认为人们有积极的工作源动力。即一般人并不天生厌恶工作；多数人愿意对工作负责，并有相当程度的想象力和创造才能；控制和惩罚不是实现企业目标的唯一办法，还可以通过满足职工爱的需要、尊重的需要和自我实现的需要，使个人和组织目标融合一致，达到提高生产率的目的。

麦格雷戈认为，人的行为表现并非其固有的天性决定的，而是由企业中的管理实践造成的。剥夺人的生理需要，会使人生病。同样，剥夺人的较高级的需要，如感情上的需要、地位的需要、自我实现的需要，也会使人产生病态的行为。人们之所以会产生消极的、敌对的和拒绝承担责任的态度，正是由于他们被剥夺了社会需要和自我实现的需要而产生的"疾病"的症状，因而迫切需要一种新的、建立在对人的特性和人的行为动机更为恰当的认识基础上的新理论。麦格雷戈强调指出，必须充分肯定作为企业生产主体的人，即企业职工的积极性是处于主导地位的，他们乐于工作、勇于承担责任，并且多数人都具有解决问题的想象力、独创性和创造力，关键在于管理方面如何将职工的这种潜能和积极性充分发挥出来。

三、7S 模型

20 世纪七八十年代，为寻找企业发展振兴的法宝，两位麦肯锡咨询顾问托马斯·J. 彼得斯（Thomas·J. Peters）和小罗伯特·H. 沃特曼（Robert·H. Waterman）通过访问美国历史悠久、最优秀的 62 家大公司，又以获利能力和成长的速度为准则，从中挑出 43 家杰出的模范公司，包括 IBM、德州仪器、惠普、麦当劳、柯达、杜邦等各行业中的翘楚。他们对这些企业进行了深入调查，并以麦肯锡顾问公司研究中心设计的企业组织七要素（简称 7S 模型）为研究的框架，总结了这些成功企业的共同特点，并撰写《追求卓越——美国企业成功的秘诀》一书，最终形成 7S 模型。

7S 模型指出了企业在发展过程中必须全面地考虑各方面的情况，包括结构、制度、风格、员工、技能、战略、共同的价值观。也就是说，企业仅具有明确的战略和深思熟虑的行动计划是远远不够的，因为企业还可能会在战略执行过程中失误。因此，战略只是其中的一个要素。

"硬件"，即战略、结构和制度；"软件"，即风格、人员、技能和共同的价值观。

麦肯锡的 7S 模型认为，软件和硬件同样重要，两位学者指出，各公司长期以来忽略的人性，如非理性、固执、直觉、喜欢非正式的组织等，其实都可以加以管理，这与各公司的成败息息相关，绝不能忽略。

第二章 人力资源开发的基础工作

第一节 人力资源战略与规划

一、人力资源战略相关理论知识

人力资源战略（Human Resource Strategy）是整个人力资源管理活动的基础和核心，基于人力资源战略的管理系统能更好地使组织获取竞争优势，实现组织目标。因此，制定好人力资源战略是一项非常重要的工作。

（一）人力资源战略的内容

人力资源战略的内容主要包括以下四方面。

1. 人力资源开发战略

人力资源开发战略主要包括引进人才战略，借用人才战略，招聘人才战略，自主培养人才战略，定向培养人才战略，鼓励自学成才战略。

2. 人才结构优化战略

人才结构优化战略主要包括人才层次结构优化战略，人才学科结构优化战略，人才职能结构优化战略，人才智能结构优化战略，人才年龄结构优化战略。

3. 人才使用战略

人才使用战略主要包括任人唯贤战略，岗位轮换，台阶提升使用战略，职务、资格双轨使用战略，权力委任使用战略，破格提拔使用战略。

4. 人力资源战略的选择

企业应结合以下因素来选择上述各种人力资源战略。

一是国家有关劳动人事制度的改革和政策。

二是劳动力市场和人才市场的发育状况。

三是企业的人力资源开发能力。

四是企业人力开发投资水平。

五是社会保障制度的建立情况。

（二）人力资源战略类型

人力资源战略类型分析方法有三种。

1. 以雇主—员工交换关系为基础的人力资源战略分类

这种人力资源战略类型的划分有以下两种假设：一是雇主将员工看成资产，还是看成不变成本；二是员工关系是内部劳动力市场还是外部劳动力市场。

根据这两个假设，美国人力资源专家舒勒（1989）将人力资源战略分为"累积型""效用型"和"协助型"三种类型。

（1）累积型

累积型战略是用长远的观点来看待人力资源管理，注重人员培训，通过内部甄选来获取合适的人才，采用终身雇佣制，以公平原则对待员工。在这种制度下，员工晋升速度慢，常采用以职务及年资标准为基础的薪酬制度，员工之间的落差不大。

（2）效用型

效用型战略是用短期的观点来对待人力资源管理，提供较少的培训。一般在组织的职位出现空缺的时候，立即进行填补，而不是终身雇佣制。在这种制度下，员工晋升速度快，常采用以个人为基础的薪酬制度。

（3）协助型

协助型战略介于积累型战略和效用型战略之间，个人不仅需要具备技术性的能力，同时也要保持良好的人际关系。在培训方面，主要以员工个人的投入为主，组织只提供协助。

当组织把人力资源作为一种资产的时候，就会给予他们更多的培训，如积累型战略；而当组织把人力资源作为组织成本的时候，则会提供较少的培训从而节约成本，如效用型战略。

2. 以雇主监督、控制员工绩效为基础的人力资源战略分类

美国康奈尔大学戴尔和霍德（Dyer&Hoder，1988）按照吸引员工策略的不同将人力资源战略划分为"诱引战略""投资战略"和"参与战略"。[①]

（1）诱引战略

诱引战略强调成本控制，管理人员较少，采取一定措施保证连续投入或连续产出。组织会通过丰厚的薪酬去吸引、诱惑和培养人才，从而形成一支数量少且基本稳定的精英员工队伍。组织强调目标承诺，同时工作职责明确，工作报酬主要参考个人努力程度。一般而言，处于激烈竞争环境的组织常采用诱引战略。

（2）投资战略

投资战略常被差别化的组织所采用。它会聘用大量员工，建立人才储备库，注重员工的开发和培训，重视员工的发展，将员工作为投资的对象，鼓励员工积累内部知识，并以情感作为联系的纽带，维持良好的劳动关系。采取这种战略的企业有一定的适应性和灵活性，拥有多方面的技能，但是决策集中、层级分明、工作职责广泛、报酬形式多样，以鼓励创新。但是，投资战略的缺陷在于企业内部较多的指挥、过程监督和烦琐的报告系统可能影响员工的工作积极性。

（3）参与战略

参与战略强调员工的参与，即员工有一定的自主权、较大的决策权和制度制定权。在战略实施的过程中十分重视团队建设、自我管理和授权管理。采取参与战略的企业大都有扁平和分权的组织结构，能够在对竞争者和生产需求做出快速反应的同时，有效地降低成本。为了鼓励创新，这些企业的人力资源管理政策强调人员配备、工作监督和报酬，多数是高技术水准的专业人员，可以达到企业人力资源战略目标。提供挑战性的工作鼓励参与，把报酬与成果密切联系在一起，从而实现战略目标。

3. 以企业变革程度为基础的人力资源战略

史戴斯和顿菲（Stace&Dunphy）认为人力资源战略可能因为企业变革的程度不同而采取以下四种战略：家长式战略、发展式战略、任务式战略和转型式

---

① 蔡东宏. 人力资源管理［M］. 西安：西安交通大学出版社，2014：25.

战略。

家长式战略以指令式管理为主，主要适用于基本稳定，微小调整的企业，其特点是集中控制的人事管理，强调程序、先例和一致性；硬性的内部任免职；强调操作和监督；基础是奖惩。

发展式战略以咨询式管理为主，指令式管理为辅，主要适用于处于不断变化的发展的经营环境的企业，其特点是注重发展个人和团队，尽量从内部进行招聘，大规模的发展和培训，运用内在激励多于外部激励，重视绩效管理和企业整体文化，优先考虑企业的总体发展。

任务式战略以指令式管理为主，咨询式管理为辅，主要适用于局部改革的企业，其特点是非常注重业绩和绩效管理，强调人力资源规划、工作再设计和工作常规检查，内外部招聘，进行正规的技能培训，注重物质奖励，有正规程序处理劳动关系，非常强调组织文化。

转型式战略以指令式管理与高压式并用，主要适用于处于必须总体改革的企业，其特点是进行影响到整个企业和事业结构的重大变革；调整员工队伍的结构，进行必要的裁员；从外部招聘管理骨干；对管理人员进行团队训练；建立新的"理念"。

（三）影响人力资源战略的因素

影响人力资源战略的因素很多，总体上可以归纳为企业内部影响因素和企业外部影响因素两个方面。

1. 企业内部影响因素

（1）企业组织结构和所处的生命周期

企业的规模、资源的丰富程度、企业的不同生命周期都会影响人力资源战略的制定。一般来说，规模大、资源丰富的企业需要更系统精细的管理制度。因此，要求制定更规范的人力资源战略。

（2）经营目标

随着时代的发展，市场竞争的加剧，企业为了能保持长期稳定的发展，必须根据外部环境的变化和自身情况的变化不断地调整经营目标，而企业经营目标的改变必然会影响到企业人力资源的需求。因此，企业人力资源战略必须做出相应的调整，以适应经营目标的变化。

（3）企业现有人力资源状况

企业现有人力资源的数量与企业规模和资本实力是否相匹配，人力资源的分配是否合理，员工技能是否能胜任其工作等人力资源现状问题都影响着人力资源战略的制定。因此，在制定人力资源战略的过程中，应对人力资源的数量、分配、能力情况做具体了解，针对不足的地方来调整和改进。

（4）企业人力开发能力和投资水平

即使企业资本实力与经营状况很丰富，但如果对人力资源战略不重视，没有相应的开发能力和资金投入，也不能吸引人才、留住人才。人力开发能力体现在招聘这一块，通过招聘能够找到企业需要的合适人才。因而对人力的投资水平应结合企业的资本实力、经营状况、人力需求状况等因素综合考虑。

（5）企业文化

企业文化是企业内部的物质、精神和制度诸要素的动态平衡和最佳结合，它的精髓是提高员工的道德、文化与职业素养，重视员工的社会价值，尊重员工的独立人格。因此，人力资源战略的确定与企业文化存在密切的联系。

此外，企业内部的高级管理人员的技能，生产技术和财务实力以及人力的需求层次等也对人力资源战略产生影响。

2. 企业外部影响因素

（1）劳动力市场

劳动力市场是劳动力供给与劳动力需求相互作用的场所。素质不同、要求各异、个性多样的劳动者，始终是劳动力市场的供给方。而在一定时期需要补充一定数量和素质的劳动力的企业，形成了劳动力市场运作的主角。劳动力市场上的供给和需求的任何一方发生变化都会影响企业的人力资源战略。因此，企业必须根据不同时期劳动力市场的供求关系及时地调整正确的人事政策和用人策略。

（2）政府政策

政府相关政策的变化，也会影响企业的人力资源战略。如允许人才自由流动、鼓励大学生自主创业的政策的实施，都会促使企业制定相应的人力资源招聘政策。

（3）劳动法律法规的健全程度

随着 1994 年我国《劳动法》的颁布执行和 2001 年新修改的《工会法》的发布，我国的劳动法律法规体系正在逐步健全和完善。企业中的劳动者只要诚实劳动、遵守法规，他们正当的合法权益就能得到有效保护，企业无论实施何种人力资源政策都必须符合国家和地方政府发布的各种法律法规。

（4）行业发展状况

行业发展状况也会影响企业的人力资源战略。如"朝阳型行业"（如高新技术行业），因为发展前景光明，发展潜力巨大，就应该把吸引和激励人才作为人力资源战略的重点，从而保证企业持续发展的需要。而"夕阳型行业"（如传统行业）则应该采取相反的人力资源战略，侧重于引进或培养企业转型所需的人才，同时进行必要的裁员，降低人力资源成本。

（5）工会组织

在我国，中华全国总工会及下属的各级各类分会是唯一合法的代表企业员工合法权益的社团组织和法人，其基本职责是维护职工合法权益。工会通过平等协商和集体合同制度，协调劳动者和用人单位的劳动关系，维护劳动者权益。

（四）人力资源战略管理的特点

1. 更注重未来，更具有整体性

人力资源战略管理涉及人力资源战略规划、战略实施、绩效评价与激励、人力资源部门各组成部分的协调配合，是竞争性企业存在和发展的基本条件。战略管理的长期性使人力资源管理更加注重未来。

2. 人力资源被看作企业的第一资源

世界上许多知名企业在其员工的职业生涯管理、职工教育培训及企业团队建设方面投入了大量的资源，积极主动地对人力资源进行开发，使劳动者的专业素质和综合能力不断提高，知识型员工在企业中所占的比重有不断提高的趋势。

3. 更重视员工的福利

随着企业战略的调整、管理信息化的普及和市场需求转化的速度，企业应整合其组织结构，并设计与之相应的职位。员工知识和技能结构以及适应变化的状况和积极性，个人价值实现程度是企业战略目标标志。所以企业管理者必须高度重视员工福利问题，既要考虑通过适当的福利设计留住和引进"金领"人群，也要考虑员工的健康保证和养老保险等问题。

4. 人力资源职能部门在企业中的地位得到提升

人力资源职能部门在企业团队建设、人力资源配置、开发激励等方面的工作绩效，直接影响员工的满意度，在提高员工的工作积极性和创新意识、发挥人力资源协调配合的整体优势、降低成本、提高企业经济效益等方面起关键性的作用。人力资源职能部门已从指导性、行政性管理部门，转变为影响企业团队战斗力和绩效的关键性部门。

5. 是一种以人为本的管理

人力资源战略管理认为企业员工不只是经济人，更重要的是社会人。企业人力资源管理的首要目标是满足员工自我发展的需要。在管理过程中除注重员工物质利益外，也非常关注员工的精神需要和工作环境的改善，以及生活质量的提高。尽可能减少对员工的控制与约束，更多地为员工提供帮助和咨询，帮助员工和企业一同成长和发展。

（五）人力资源战略管理的价值

1. 有利于实现企业总体战略目标

人力资源战略管理将日常人力资源管理工作与企业的战略目标紧密联系起来，帮助管理者了解他们日常的人力资源管理工作对企业长期目标的影响，并从实现企业战略目标出发，鉴别和诊断日常人力资源管理工作。

2. 不断强化企业人才保障

人力资源战略管理围绕企业战略展开工作，注重人力资源的选拔与配置、观念同化与文化适应、学习与开发以及管理的改善与创新，能够开发企业高层管理者正确分析判断环境、率领企业持续发展的能力；有利于培养和造就一大批各种部门和专业的管理人员，提高企业组织的整体运营能力和效能，有利于创造良好的工作氛围，培养员工的进取精神，提高员工的职业素质、工作积极性和创新能力。

3. 有利于企业各组成部分协调配合

人力资源战略管理为企业的管理人员提供了围绕企业战略进行人力资源管理的依据，有助于确定、调动和指引所有的人力资源管理活动都围绕对企业有最直接影响的问题展开。通过人力资源战略管理将所有的人力资源管理活动联系在一起，并使各层次的管理人员了解自己的工作在企业战略中的作用和意义。

4. 有利于提高企业的技术创新能力

竞争性企业制胜的重要法宝之一，就是技术创新和灵活运用。人力资源战略管理就是提高企业员工的素质，并根据企业发展的需要不断更新他们的技术。人力资源战略管理中，人力资源内涵和外延的开发，招聘并留住企业的核心技术人才，以及对人才的跨学科整合，对企业员工进行能力测评、教育和培训等过程的管理，有利于提高企业的新产品研发能力和员工对新技术、新工艺的适应能力。

5. 有利于提高企业的经济效益

竞争性企业的发展战略，往往包括组织的兼并、重组，技术创新、转让和引进；新产品的开发和推广，产品和服务质量的提高等内容。企业战略管理的成效与其人力资源战略管理的水平和绩效密切相关。

二、人力资源规划理论知识

（一）人力资源规划概述

1. 人力资源规划的定义

人力资源规划的定义有广义与狭义之分。

广义的人力资源规划是指根据组织的发展战略、目标及组织内外环境的变化，预测未来的组织任务和环境对组织的要求，以及为完成这些任务和满足这些要求而提供人力资源的过程。它是从战略层面考虑人力资源规划的内容与作用，强调人力资源对组织战略目标的支撑作用，既包括了人力资源数量、质量与结构的系统规划与安排，也包括了实现人力资源战略目标的策略与相应职能的系统安排。

广义的人力资源规划，除了人员配备计划、人员补充计划和人员晋升计划之外，还包括人员培训开发计划、员工薪酬激励计划、员工职业生涯规划和其他计划（如劳动组织计划、员工援助计划、劳动卫生与安全生产计划等）。

狭义的人力资源规划（Human Rource Planning）是以追求人力资源的平衡为根本目的，对可能的人员需求、供给情况做出预测，并据此储备或减少相应的人力资源。主要关注的是人力资源供求之间的数量、质量与结构的匹配。其类型按照年度编制的计划分为人员配备计划、人员补充计划和人员晋升计划。

2. 人力资源规划的内容

人力资源规划应包括以下八项主要内容。

（1）总规划，陈述人力资源规划的总原则、总方针、总目标及总体思路。

（2）职务编制规划，陈述企业的组织结构、职务设置、职务描述和职务资格要求等内容。

（3）人员配置规划，陈述企业每个职务的人员数量，人员的职务变动，职务人员空缺数量等。

（4）人员需求规划，通过总规划、职务编制规划、人员配置规划可以得出人员需求规划。需求规划中应陈述需要的职务名称、人员数量、希望到岗时间等。

（5）人员供给规划，是人员需求规划的对策性规划，主要陈述人员供给的方式、人员内部流动政策、人员外部流动政策、人员获取途径和获取实施规划等。

（6）教育培训规划，包括教育培训需求、培训内容、培训形式、培训考核等内容。

（7）人力资源管理政策调整规划，明确规划期内的人力资源政策的调整原因、调整步骤和调整范围等。

（8）投资预算，上述规划的费用预算。

一个完整的人力资源规划应该包括总规划、职务编制规划、人员配置规划、人员需求规划、人员供给规划、教育培训计划、人力资源管理政策调整规划、投资预算等。一般的人力资源规划可以只包括人员配置方面的规划，即人员增长、人员补充、人员调配和员工离职等方面的规划。

3. 人力资源规划的分类

按照规划的独立性划分为独立性的人力资源规划和附属性的人力资源规划。

按照规划范围的大小划分为整体的人力资源规划和部门的人力资源规划。

按照规划时间的长短划分为短期的人力资源规划、中期的人力资源规划和长期的人力资源规划。

（二）人力资源规划的制订原则

1. 应充分考虑内部、外部环境的变化

人力资源规划只有充分考虑内部、外部环境的变化才能适应需要，真正做到为企业发展目标服务。内部变化主要指销售、开发的变化，或者说企业发展战略的变化，还有公司员工流动的变化；外部变化主要指社会消费市场的变化、政府有关人力资源政策的变化、人才市场的变化等。为了更好地适应这些变化，在人力资源规划中应该对可能出现的情况做出预测，包括风险和变化，最好能有面对风险的策略。

2. 确保企业的人力资源保障

企业的人力资源保障问题是人力资源规划中应解决的核心问题，它包括人员的流入预测、流出预测，人员的内部流动预测。社会人力资源供给状况分析，人力流动的损益分析等。只有有效地保证企业的人力资源供给，才可能去进行更深层次的人力资源管理与开发。

3. 企业和员工都应得到长期的利益

企业的发展和员工的发展是互相依托、互相促进的关系。如果只考虑企业的发展需要，而忽视了员工的发展，最终也会影响企业发展目标的实现。成功的人力资源规划，一定是能使企业与员工共同发展的规划。

（三）人力资源规划的目标

1. 配合组织发展的需要

随着知识时代的到来，越来越多的人认识到人力资源是组织发展的第一资

源，任何组织的生存和发展都离不开人力资源的获得与运用。因此，顺应时代的发展和环境的变化，组织才能适时、适地、适量地获得所需的各类人力资源，那就必须依靠人力资源规划。换言之，人力资源规划只有以配合组织发展的需要为目标，方可实现组织的可持续发展。

2. 规划人力资源的发展

人力资源的发展包括人力资源预测、人力资源增补及人员培训，这三者紧密联系，不可分割。人力资源规划一方面对目前人力资源现状予以分析，以了解人事动态；另一方面对未来人力资源需求做出预测，以便对企业人力资源的增减进行通盘考虑，再据此制订人员增补和培训计划。所以，人力资源规划就是实施人力资源发展的过程。

3. 合理配置人力资源

现实中只有少数企业的人力资源的配置符合理想的状况，而相当多的企业仍是一些人的工作负荷过重，而另一些人的工作过于轻松；一些人的能力有限，身心疲惫，而另一些人能力有余，未能充分利用。人力资源规划就是要改善这种人力资源配置的不平衡状况，使人人有活干，且做到人尽其才、人尽其用，以此实现人力资源的合理配置。

4. 降低人力成本

影响企业结构用人数目的因素很多，如业务、技术革新、机器设备、组织工作制度、工作人员的能力等。人力资源规划可对现有的人员结构做一些分析，并找出制约人力资源有效运用的瓶颈，然后通过制订合理的人力资源规划，提升人力资源使用效能，最终降低组织的用人成本。

（四）人力资源规划的影响因素

人力资源规划在企业中的主要作用是指导企业未来人员配备，以满足业务发展的需要。在制订人力资源规划的过程中需要考虑企业发展战略并结合部门的具体目标，以及企业外部的社会环境等对人力资源的影响。

1. 企业不同发展阶段和竞争战略

在企业生命周期的不同阶段，为适应内外环境的变化，组织必须不断调整其竞争战略，相应地制订不同的人力资源规划以确保组织战略和目标的实现。

创业阶段。一个组织制定了集中战略，这种战略要求人力资源规划聚焦于招聘、选拔某方面的专业技术人员，如生产、销售、高层管理人员，为组织的顺利运行和成长构建合理的人力资源队伍。

成长阶段。组织常常采用一体化战略、加强型战略、多元化经营战略，而这些战略意味着与之相适应的人力资源规划有不同的侧重点。就多元化经营战略而言，人力资源规划不仅要制定招聘选拔优秀员工的措施，还要注意不同类型员工的性格、兴趣、素质、结构与组织战略、组织职位的匹配，培养和激发员工的主动性、积极性、创造性，推动组织的成长。

成熟阶段。人力资源规划要保证员工队伍的稳定，同时注重培训和开发，提高人员使用效率，力争在同行业或某一地区保持人力成本效益优势。此外，要主动承担一些社会责任，树立一定的知名度，改善组织的形象。

衰退阶段。清算战略是组织的必然选择。在这种战略指导下，组织战略制定委员会必须果断、创新地做出看似矛盾的人力资源规划：裁员与招聘并举的规划。裁员的目的是降低人力成本，提高人均工作负担，达到人员充分使用，招聘的目的是为组织的战略转移做好人力资源准备。通过新老员工队伍的融合，继承和发扬组织原有的创业精神去开拓新的领域，弥补组织衰落造成的损失。

2. 企业外部环境因素

在制订公司人力资源规划时，需要重点考虑公司所处的地理位置对企业人员扩张的影响。不可否认，沿海及中心城市对人们仍具有很大的吸引力。对于地域占据优势的企业，在制订人力资源规划时，需要考虑一些本地人力资源政策环境的变化对企业人力资源的影响，包括国家对人力资源的法律法规的制定和对人才的各种措施。如国家各种经济法规的实施、国内外经济环境的变化、国家以及地方对人力资源和人才的各种政策规定等。这些外部环境的变化必定影响企业内部的整体经营环境，从而促使企业内部的人力资源政策随之变动。

在制订人力资源规划时，要特别考虑到"动态"这一因素，而不能简单地将人力资源规划理解为静止的数据收集和一劳永逸的应用。企业所处的内部环境、外部市场等往往处于不停的变化之中，成功的战略性人力资源规划会贯穿企业的整个经营过程中，并不断根据动态变化的实际做出相应的调整与改进，以追求自身对企业和环境的适应性。

（五）人力资源规划的过程

人力资源规划的最终目的是通过人员管理获得和保持企业竞争优势的机会。随着组织所处的环境、企业战略与战术计划、组织目前的工作结构与员工工作行为的变化，人力资源规划的目标也不断变化。因此，制订人力资源规划不仅要了解企业现状，更要认清企业的战略目标方向和内外环境的变化趋势；不仅要了解现实的表现，更要认清人力资源的潜力和问题。

人力资源规划分为以下四个阶段。

1. 调查分析准备阶段

在搜集制订人力资源规划所需要的信息时，首先，要把握影响企业战略目标的宏观环境和行业环境；其次，可以利用企业的人员档案资料来估计目前的人力资源技术、能力、潜力，并分析目前这些小资源的利用情况；最后，对于外在的人力资源环境，如劳动力市场结构、市场供给与需求状况、人口与教育的社会状况、劳动力择业心理等有关影响因素，需要做专门的深入调查分析。需要特别指出的是，在这一阶段，组织内外人员流动的状况需要特别分析。人员流动可分为组织内流动和组织内外流动两大类，其中，组织内外流动包括各种形式的离职和招聘。由于员工离职的不确定性较大，因此离职信息难以准确把握，这给人力资源供需预测带来了不确定性。

2. 预测阶段

这一阶段是人力资源规划中较具技术性的部分。在所搜集的人力资源信息基础上，对人力资源的供给和需求进行预测。预测可采用主观经验判断和各种统计方法及预测模型，并与所实施的人力资源政策相关，它对组织的管理风格和传统往往会产生重大影响。

3. 制订和实施规划阶段

规划的制订与实施紧密相联。通常，企业首先形成人力资源战略，根据人力资源战略制订总体规划，再制订各项具体的业务计划以及相应的人事政策，以便各部门贯彻执行。人力资源规划的制订要保持各项计划和政策的一致性，确保通过计划的实施使人力资源战略的目标得以实现。

人力资源规划的方案最终要在方案执行阶段付诸实施。方案执行阶段的关键问题在于，必须有实现既定目标的组织保证。除分派负责执行的具体人员外，还要保证实现这些目标所需的必要权力和资源。

4. 评估和反馈阶段

人力资源规划是一个长久持续的动态工作过程，具有滚动的性质。组织将人力资源的总规划和各项业务计划付诸实施后，要根据实施的结果进行评估，并及时对评估结果进行反馈，以修正人力资源规划。

对人力资源规划的反馈与评估可以采用定期报告执行进展的形式。通过定期的报告和检查，可以确保所有的方案都能够在既定的时间里执行到位，并且方案执行的初期成效与预测的情况是一致的。在有些企业中只重视人力资源规划的制订与实施，而忽视人力资源规划的评估工作，这可能导致人力资源规划流于形式，最终导致战略目标无法实现。对人力资源规划的实施结果进行评估可以明确规划的有效性，了解问题所在，促使规划更好地得以落实。

（六）人力资源战略规划的实施

1. 实施基础

人力资源战略的实施应具备以下基础。

一是完备的人力资源管理系统。只有具备完备的人力资源管理系统，才能保障企业人力资源战略实施过程中的日常人力资源开发与管理，将人力资源战略与规划落到实处，并且可以检查战略规划的实施情况，对管理方法与手段提出改进方案，提高员工满意度，改善员工绩效。

二是科学的人力资源评价指标体系。在战略实施过程中，需要对实施的效果加以评价，而科学的人力资源评价指标体系有助于客观地衡量组织人力资源战略转化为财务、客户、内部业务流程、学习与成长等方面可衡量的指标。

三是必要的战略资源。战略资源是指用于战略行动及计划推行的人力、财力、物力等资财的总和。它是战略转化行为的物质保证。战略资源既包括必要的人员和资产等有形资源，也包括时间、信息等无形资源。

2. 实施途径

一是对企业不同发展阶段（创业阶段、成长阶段、成熟阶段、衰退阶段）实施战略调整。由于企业所处的内外部环境总在不断发生变化，企业的战略变革和战略调整就成为必然。因此，战略性的人力资源规划必须能够及时做出反应，以支持企业战略的变化。

二是搭建人才成长和绩效实现的平台。战略性人力资源规划关注的核心问题，即通过搭建有效的绩效管理平台，让员工在工作中不断成长，从而促进企业战略的实现。

三是建立人力资源规划中的开发机制。如创新聚才机制。用改革和创新的精神，把事业留人、环境留人、制度留人、感情留人、待遇留人有机结合起来，实现人才不仅引得进、用得好，而且留得住。人才竞争机制。这种机制的形成和成功运用还在于要建立一套包括总体政策、具体制度和一系列配套措施在内的制度体系。这种机制认为，企业不缺人才，人人都是人才，关键是将每一个人所具备的最优秀的品质和潜能充分发挥出来。为了把每个人的最为优秀的品质和潜能充分开发出来，需要建立一个立足市场经济的人才竞争机制。

3. 影响实施的因素

影响战略实施的主要因素包括各级管理人员的素质和价值观念、企业的组织结构、企业文化、资源结构与分配、信息沟通、控制及激励制度。

三、人力资源供需预测及其方法

（一）人力资源需求预测及其方法

1. 人力资源需求预测的内涵及影响因素

人力资源需求预测是指对企业未来一段时间内人力资源需求的总量、人力资源的年龄结构、专业结构、学历层次结构、专业技术职务结构与技能结构等进行事先估计与判定。人力资源需求包括总量需求和个量需求，也包括数量、质量和结构等方面的需求。

影响人力资源需求的因素很复杂，既有社会、政治、经济方面的因素，也有企业的战略经营状况、管理水平及现有员工素质等因素。

2. 需求预测方法

人力资源需求预测方法主要分为定性预测和定量预测两大类。

（1）定性预测

定性预测主要包括管理评价法、单位需求预测法、德尔菲法、经验预测法等。

其一，管理评价法。管理评价法是预测企业人力资源需求最常用的一种主观预测法。它是由高层管理者、部门经理和人力资源部专员等人员一起预测和判断企业在某段时间对人力资源的需求。主要是由高层管理者根据组织发展目标和发展战略以及经营环境的变化自上而下预测人员需求。利用管理评价法预测人员需求的主要依据是：企业的目标、生产规模、生产需求、销售或者服务规模、人员配置及流动性等。这种方法的主要缺点是：具有较强的主观性，受判断依据以及判断者经验的影响较大。该方法通常用于中短期预测，并且在预测中将下级估计法和上级估计法结合起来运用。

其二，单位需求预测法。单位（部门、项目团队，也可以是其他雇用团队）预测是一种自下而上的预测方法。操作方法是总部将各个单位的人员需求预测进行汇总，得出的结果是总的人力资源需求。每个单位的人力资源主管对当期和未来的人力资源需求进行单独分析，主要侧重于被雇用者的质量。

其三，德尔菲法。德尔菲法，又称专家预测法，是指邀请在某领域的一些专家或有经验的管理人员采用问卷调查或小组面谈的形式对企业未来人力资源需求量进行分析、评估和预测并最终达成一致意见的方法。这种预测法适合于技术型企业的长期人力资源预测。相关领域的技术专家由于把握技术发展的趋势，所以能更加容易对该领域的技术人员状况做出预测。这种方法实施时比较严格，专家人数一般不少于 30 人，问卷的返回率不低于 60%，以保证调查的权威性和广泛性；实施该方法时必须取得高层的支持，同时给专家提供充分的资料和信息，确保判断和预测的质量；问卷题目设计应主题突出、意向明确，保证专家都从同一个角度去理解问题；在预测中，专家之间不能互相讨论或交换意见。这种方法适用于长期预测，调查对象既可以是个人或面对面的专家小组，也可以是背靠背的专家小组。面对面的方式，专家之间可能相互启发；背靠背的形式可以免除某一权威专家对其他专家的影响，而使每位专家独立发表看法。[1]

其四，经验预测法。经验预测法是一种利用现有的情报和资料，结合以往的经验，结合本企业的实际特点，来预测企业未来人员的需求的方法。这种预测法适合于比较稳定的小型企业，预测的结果受经验的影响较大，且不同的管理人员经验不同，因此，通过保持历史档案，查阅历史资料和多人综合预测等方法可以提高预测的准确度，减少误差。这种方法适合于一定时期内企业的发展状况没有发生方向性变化的情况，通常用于短期预测。

（2）定量预测

其一，趋势预测法。趋势预测法是利用企业的历史资料，根据某些因素的变化趋势，预测相应的某段时期的人力资源需求。如可以统计企业在最近五年每年末的员工总人数，或者其中的各类人员（如销售人员、生产人员、文秘人员以及行政管理人员等）的数量。这种分析的目的在于确定那些可能会延续到未来的发展趋势。它在使用时一般都要假设其他的一切因素都保持不变或者变化的幅度保持一致，往往忽略了循环波动、季节波动和随机波动等因素。

其二，散点图预测法。散点图是一张图表，它展示两个变量（如经营活动和企业员工数）是如何相关联的。如果它们相关，且能够预测出企业的业务活动量，那么就同样可预估出企业的人力需求量。该方法首先收集企业在过去几年内人员数量的数据，并根据这些数据做出散点图，把企业经济活动中某种变量与人数间的关系和变化趋势表示出来；同时，可以用数学的方法对其进行修正，使其成为一条光滑的曲线，从该曲线可以估计出未来的变化趋势。

其三，比率预测法。这种方法研究历史统计资料中的各种比例关系。例如部门管理人员与该部门工人之间的比例关系，员工数量与机器设备数量的比率，考虑未来情况的变动，估计预测期内的比例关系，进而预测未来各类员工的需要量。这种方法简单易行，关键在于历史资料的准确性和对未来情况变动的估计。比如：从过去的经验来看，每位销售人员每年通常能有 50 万元的销售额，如果销售额与销售人员之间的比率保持不变，企业要想在来年增加 300 万元的销售额，就需要雇用 6 个新的销售人员。

其四，回归预测法。在进行人力资源需求预测时，如果只考虑一种因素对人力资源需要的影响，例如企业的市场规模，而忽略其他因素的影响，就可以采用一元线性回归预测法；如果考虑两个或者两个以上因素对人力资源需求的影响，则需要运用多元线性回归预测法；如果其中某一影响因素与人力资源需求量之间的关系不是直线相关的线性关系，那么就需要用非线性回归法来预测。

其五，计算机模拟预测法。计算机模拟预测法是人力资源需求预测中最为复杂的一种方法。这是在计算机中运用数序模型，并按照情景描述法中假定的几种情况对人力资源需求进行模拟测试。这种预测法能综合考虑各种因素对企业人员需求的影响，对组织可能面临的外部环境的变化及自身的复杂动态进行分析，并通过这种分析确定人力资源需求的预测方案。同时，也可以使用这种方法对某一种情况的几种备选方法进行模拟测试，以选择一种最佳方案，即可以用于评估人力资源政策和项目。计算机模拟预测需要的典型数据包括，制造每一单位产品所需要的直接工时以及针对某一生产线的三项销售额计划——最低销售额、最高销售额和可能销售额。基于这些数据，计算机程序可以算出每个项目需要的员工人数，例如直接人工（如流水线上的工人）、间接生产人员（如文秘）以及管理人员的需求数。一些企业已经在组织内部开发出了完善的人力资源信息系统，使用 IT 技术辅助人力资源管理，将人力资源部门和直接部门所需信息集中在一起，建立综合的计算机预测系统。

（二）人力资源供给预测及其方法

1. 人力资源供给预测的内涵及影响因素

（1）人力资源供给预测的内涵

人力资源供给预测（Human Resource Supply Forecast）是指企业为了实现其

既定目标，对未来一段时期内企业内部和外部各类人力资源补充来源情况的预测。

人力资源供给预测与人力资源需求预测有所不同，人力资源需求预测研究的只是组织内部对人力资源的需求，而人力资源供给预测需要研究组织内部的人力资源供给和组织外部的人力资源供给两个方面。

人力资源供给预测包括以下两部分。一是内部人力资源拥有量预测。根据现有人力资源及其未来变动情况，预测出规划各时间点上的人员拥有量。

二是外部人力资源供给量预测。对外部人力资源供给量进行预测，确定在规划各时间点上的人员可供量。

（2）人力资源供给的影响因素

对公司员工供给进行预测，必须把握影响员工供给的主要因素，从而了解公司员工供给的基本状况。

影响供给的企业内部因素主要包括以下三点：员工的自然流失（伤残、退休、死亡等）、内部流动（晋升、降职、平调等）、外部调动（包括自动辞职和合同到期解聘等）。

企业内部人力资源供给，主要依靠管理人员和技术人员的不断接续和替补。其主要过程是：明确预测范围；配置关键职位的接替人选，并评价接替人员目前的工作情况及其能力是否达到该职位的要求；确定专业发展需要，并将员工个人的目标与企业目标相结合，主动挖掘人力资源潜力。

影响供给的企业外部因素主要包括以下几点。一是劳动力市场发育程度。社会劳动力市场发育好，将有利于劳动力自由进入市场，由市场上的工资率来引导劳动力的合理流动；劳动力市场发育不健全，以及双轨制的就业政策，势必影响人力资源的优化配置，也将给企业预测外部人员供给带来困难。二是社会就业意识及择业心理偏好。三是地域性因素。主要包括附近地区的人口密度，公司当地的就业水平、就业观念，公司所在地对人们的吸引力，公司本身对人们的吸引力，公司当地临时工人的供给状况，以及公司当地的住房、交通、生活条件等。

2. 供给预测方法

（1）企业内部供给预测的方法

一是人员核查法。人员核查法是对组织现有人力资源数量、质量、结构和在各职位上的分布状况进行核查的一种方法，用于掌握组织拥有的人力资源状况。通过核查，可以了解员工在工作经验、技能、绩效、发展潜力等方面的情况，从而帮助人力资源规划人员估计现有员工是否具有调换工作岗位的可能性，决定哪些人可以补充企业当前的职位空缺。为此，在日常的人力资源管理中，要做好员工的工作能力记录工作。

这种预测方法是首先对组织的工作职位进行分类，划分其级别，然后再确定每一职位每一级别的人数。

人员核查法只是一种静态的人力资源供给预测方法，不能反映组织中人力资源动态的、未来的变化，所以只适用于中小型组织短期内人力资源的供给预测，存在很大的局限性。

二是管理人员替代法。人员替代法，又称人员调配图，是一种岗位延续计划，是通过一张人员替代图来预测组织内的人力资源供给。

操作方法如下：

首先制订一份组织各层次部门管理人员职位的继任计划。

然后确定 1~3 名候选人，候选人通常从下一级现职管理人员中物色。

接着每年对现职管理人员和继任候选人做一次鉴定，并排出候选人的候选次序。

最后当管理职位出现空缺时，由具备晋升条件的继任候选人替补。

三是人力资源水池模型。这种预测方法是在预测组织内部人员流动的基础上预测人力资源的内部供给，而且要针对具体的部门、职位层次或职位类别来进行。

先分析每一层次的人员流动情况，可以使用以下公式，即：

　　未来供给量＝现有人员的数量＋流入人员的数量－流出人员的数量

对每一位职位来说，人员流入的原因有平行调入、向下降职、向上晋升；人员流出的原因有向上晋升、向下降职、平行调职。

在分析完所有层次的职位后，将它们合并在一张图上，可以得出企业未来各层次职位的内部供给量以及总的供给总体。

四是马尔科夫模型分析。马尔科夫模型分析，也称马尔科夫转移矩阵分析法，指用来预测等时间间隔点上（一般为一年）各类人员分布状况的一种动态预测技术，可根据年底各类人员数量和人员变动概率矩阵，预测第二年组织可供给的人数。若企业的各种条件在某种程度上是比较稳定的，则这种矩阵还可以用来预测未来劳动力的供给状况。这种方法适用员工类别简单的企业，也适用于员工类别特别复杂的大型企业的供给预测。模型要求：在给定的时间段内，各类人员都有规律地从低一级向高一级职务转移，转移率是一个固定的比例，或者根据组织职位转移变化的历史分析推算。

其基本思想是找出过去人力资源流动的比例，以此来预测未来人力资源供给的情况。

马尔科夫模型步骤如下：

首先，根据历史数据推算各类人员的转移率，确定转移率的转移矩阵；

其次，统计作为初始时刻点的各类人员分布状况；

最后，建立马尔科夫模型，预测未来各类人员供给状况。

（2）企业外部供给预测的方法

企业外部人力资源供给预测主要是预测未来几年外部劳动力市场的供给情况。它不仅要调查整个国家的组织所在地域的人力资源供给情况，还要调查同行业或同地区其他企业对人力资源的需求情况。外部供给预测是相当复杂的，但是它对企业制订其他的人力资源具体计划有着相当重要的作用。

一是查阅资料法。企业可以通过互联网以及国家和地区的统计部门、劳动和人事部门发布的一些统计数据及时了解人才市场信息。另外，还应及时关注国家和地区的政策法律变化。

二是直接调查相关信息法。企业可以就自己所关注的人力资源状况进行调查，除了与猎头公司、人才中介所等专门机构保持长期、紧密的联系外，还可以与高校保持长期的合作关系，以便密切跟踪目标生源的情况，及时了解可能为企业提供的目标人才状况。

三是对雇用人员和应聘人员进行分析法。企业通过对应聘人员和已经雇用的人员进行分析，也能得出未来人力资源供给状况的估计。

（三）人力资源供求平衡

在需求、供给中采取适当的措施保持供需平衡，是人力资源规划的目的。企业人力资源供求平衡主要有以下三种情况：一是人力资源供求平衡，这是一种理想状态；二是人力资源供小于求，这种情况会让企业设备闲置，固定资产利用率低；三是人力资源供大于求，这种情况导致组织内部人浮于事，内耗严重，生产或工作效率低。

要达到人力资源的供求平衡主要是做"加法"和"减法"。

1. "加法"

"加法"主要针对人力资源供小于求的情况。如果短缺现象不严重，且本企业的员工又愿延长工作时间，可以根据《劳动法》等有关法规，制定短期应急措施，延长工时适当增加报酬；或者将符合条件，而又处于相对空闲状态的人调往紧缺职位；也可以提高企业资本技术的有机构成，提高工人的劳动生产率，形成机器替代人力资源的格局；如果高技术人员出现短缺，应拟订培训和晋升计划，在企业内部无法满足要求时，应拟订外部招聘计划；还可以制订聘用非全日制临时用工计划，如返聘已退休者或聘用小时工等；制订聘用全日制临时用工计划。

2. "减法"

"减法"主要针对人力资源供大于求的情况。可以合并和关闭某些臃肿的机构；或永久性辞退某些劳动态度差、技术水平低、劳动纪律观念差的员工；或提高员工整体素质，如制订全员轮训计划，使员工始终有一部分在接受培训，为企业扩大再生产准备人力资本；或鼓励提前退休或内退，对一些接近而还未达退休年龄者，应制定一些优惠措施，如提前退休者仍按正常退休年龄计算养老保险工龄，有条件的企业还可一次性发放部分奖金（或补助），鼓励提前退休；或减少员工的工作时间，随之降低工资水平，这是西方企业在经济萧条时经常采用的一种解决企业临时性人力资源过剩的有效方式；或采用由多个员工分担以前只需一个或少数几个人就可完成的工作和任务，企业按工作任务完成量来计发工资的办法；或鼓励部分员工自谋职业。

人力资源供求平衡是动态的，不可能是单一的供大于求、供小于求，也可能出现的是部门结构性人力资源供求不平衡量。所以，应具体情况具体分析，制订出相应的人力资源部门或业务规划，使各部门人力资源在数量、质量、结构、层次等方面达到协调平衡。

第二节　工作分析与工作设计

一、工作分析理论知识

（一）工作分析的内涵

工作分析，也称职务分析，是对组织中某个特定工作职务的目的、任务或职责、权力、隶属关系、工作条件、任职资格等相关信息进行收集与分析，以便对该职务的工作做出明确的规定，并确定完成该工作所需要的行为、条件、人员的过程。工作分析所形成的工作描述书、工作规范书是人力资源开发与管理中必不可少的环节或重要的工作，它与其他人力资源管理方面的工作有着密切的关系。

工作描述书是职务分析结果之一，即关于某种工作职务所包括的任务、职责及责任的说明，主要包括工作职务目的、任务或职责、权力、隶属关系、工作条件等内容。

工作规范书，也称工作说明书，是工作分析的另一结果，即一个人为了完成某种特定的工作所必须具备的知识、技能、能力，以及其他特征的说明。主要包括完成工作所需要的知识、能力、行为，以及人员条件等内容。

（二）工作分析的价值

1. 工作分析为人力资源的开发与管理活动提供依据

（1）工作分析为人力资源规划提供必要的信息

人力资源规划的核心工作是人力需求与供给预测，在进行供给预测时，都离不开清晰的岗位层级关系和晋升、岗位转换关系，这些都是岗位说明书所应该规定的。在需求预测时，除了需要对人力资源数量预测，还需要对其质量要求进行预测，说明书中的任职资格条件就成为重要的参考。

（2）工作分析为员工招聘录用提供明确的标准

岗位说明书的另一项必备内容就是岗位任职资格条件，这些条件既是岗位评价的重要参考要素，也是该岗位人员空缺时设计招聘要求的基础。招聘广告中一般有空缺岗位的学历、工作经验、专业技术水平、能力方向、人格特征等要求，而这些内容在岗位说明书的任职资格条件项目中均可找到。

（3）工作分析为员工培训与开发提供明确的依据

企业员工培训的一个重要特点是具有强烈的导向性，这个导向的重要依据之一就是岗位说明书所规定的内容。尤其是岗位职责的要求、考核指标要求、能力要求等内容。在新员工培训中，新员工本岗位的说明书甚至能成为其必修教材之一。另外，在对员工进行职业生涯设计时，岗位分析还可以提供职业发展的路径与具体要求。

（4）工作分析为绩效管理提供帮助

主要体现在以下两个方面：其一，岗位说明书的必备项目中有"岗位关键业绩指标"，这些指标指明了对该岗位任职人员应从哪些角度进行考核，也指出了岗位上人员的努力方向，而绩效考核方案的起点就是部门和岗位考核指标的选择，广义的工作分析可以提供部门的关键绩效指标；其二，岗位说明书如果包含了"沟通关系"这一项目，就可以清晰地指明绩效考核的主体与考核层级关系，因为沟通关系中明确了汇报、指导与监督关系。

（5）工作分析为制定公平合理的薪酬政策奠定基础

工作评价是合理制定薪酬标准的基础，正确的工作评价则要深入地理解各种工作的要求，这样才能根据它们对组织的价值大小进行排序。岗位分析通过了解各项工作的内容、工作所需要的技能、学历背景、工作的危险程度等因素确定工作相对于组织目标的价值，也可以作为决定合理薪酬的依据。岗位分析为薪酬管理提供相关的工作信息，通过工作差别确定薪酬差别，使薪酬结构与工作挂钩，从而制定公平合理的薪资政策。

2. 工作分析为组织职能的实现奠定基础

第一，工作分析有助于员工本人反省和审查自己的工作内容和工作行为，帮助员工自觉主动地寻找工作中存在的问题，圆满实现职位对组织的贡献。

第二，在工作分析过程中，人力资源管理人员能够充分地了解组织经营的各个重要业务环节和业务流程，从而有助于人力资源管理职能真正上升到战略地位。

第三，工作分析还能帮助组织的最高经营管理层充分了解每一个工作岗位上的人目前所做的工作，可以发现职位之间的职责交叉和职责空缺现象，并通过及时调整职位，提高组织的协同效应。

(三) 工作分析的内容

工作分析的内容取决于工作分析的目的与用途，不同的企业和组织都有各自的特点和亟须解决的问题。一般来说，工作分析主要包括两方面的内容，即工作描述和工作要求。

1. 工作描述

即关于一种工作中包含的任务、职责及责任这三者可以被观察到的活动的目录清单。

工作描述有以下基本内容。

（1）工作识别

又称工作标志、工作认定，包括工作名称和工作地位。其中工作地位主要指所属工作部门、直接上级职位、工作等级、工资水平、所辖人数、定员人数、工作地点、工作时间等。

（2）工作编号

又称岗位编号、工作代码。一般按工作评估与分析的结果对工作进行编码，目的在于快速查找所有的工作。企业中的每一种工作都应当有一个代码，这些代码代表了工作的一些重要特征，比如工资等级等。

（3）工作概要

又称职务摘要，指用简练的语言概述工作的总体性质、中心任务和要达到的工作目标。

（4）工作关系

又称工作联系，指任职者与组织内外其他人之间的关系。包括此工作受谁监督、可晋升的职位、可转换的职位及可迁移至此的职位，与哪些部门的职位发生联系等。

（5）工作职责

又称工作任务，是工作描述的主体。逐条指明工作的主要职责、工作任务、工作权限及工作结果（工作的绩效标准）等。为使信息最大化，工作职责应在时间和重要性方面实行优化，指出每项职责的分量或价值。

（6）工作条件与工作环境

工作条件主要包括任职者主要应用的设备名称和运用资料的形式。工作环境包括工作场所、工作环境的危险性、职业病、工作的时间、工作的均衡性（一年中是否有集中的时间特别繁忙或特别闲暇）、工作环境的舒适度等。

2. 工作要求

工作要求，也叫工作任职资格，是说明担任某项职务的人必须具备的生理要求和心理要求，包括以下三方面。

（1）一般要求，主要包括年龄、性别、学历、工作经验，等等。

（2）生理要求，主要包括健康状况、力量和体力、运动的灵活性、感觉器官的灵敏度，等等。

（3）心理要求，主要包括观察能力、集中能力、记忆能力、理解能力、学习能力、解决问题的能力、创造性、数学计算能力、语言表达能力、决策能力、特殊能力、性格、气质、兴趣爱好、态度、事业心、合作性、领导能力，等等。

（四）工作分析的程序

整个工作分析过程一般包括准备阶段（计划阶段）、设计阶段、收集分析阶段、结果表达阶段、结果运用阶段、反馈调整阶段。见表2-1。

表 2-1　工作分析的程序

阶段	内容	备注
准备阶段	确定目的	为什么要进行工作分析？它的结果有什么用？能解决什么问题？
	选择被分析工作	界定工作分析的范围
	建立工作分析小组	分配任务与权限
	制定工作分析规范	
	做好分析前的准备工作	
设计阶段	选择信息来源	如工作者、主管、顾客、分析专家、词典、文献资料等
	选择工作分析人员	
	选择收集信息的方法	可运用调查法、面谈法、观察法等来收集信息
收集、分析信息阶段	按选定方法收集信息	收集工作分析的背景材料，如企业的组织结构图、工作流程图、设计图、考核表、人事记录表、职务分类标准、岗薪等级培训手册等
	分析信息	对信息描述、分类、评估
	综合活动	将所得分类信息解释、转换并组织形成可用条文
结果表达阶段	用书面形式表达分析结果	工作说明书（包括工作描述、任职说明）
		任职资格说明（包括任职素质、资格详细说明）
运用阶段	制作具体应用文件，如提供录用文件、考核标准、培训内容，增强管理的科学、规范性	
反馈调整阶段	确认原分析适用性，如果不适用则改进	

（五）工作分析的时机

越来越多的企业开始认识到工作分析对企业管理的作用和意义。从最初的仅仅为了工艺流程的设计和人员的招聘发展到了应用工作分析的结果进行绩效考核、培训、薪酬管理等，工作分析受到了越来越多企业的重视与欢迎。

需要进行工作分析的情况有以下七种。

第一，组织环境的变化需要对组织结构进行调整（组织设计的依据之一是组织所处的环境）。

第二，组织内部高层管理人员的变化可能需要对组织中的工作进行重新界定。

第三，组织的业务发生变化后，组织的工作流程变化可能引起对工作分析的需求，如工作由于新技术、新方法、新工艺或新系统的产生而发生重要变化时。

第四，组织大规模进行招聘时需要对工作进行分析后确定所需招聘人员的基本要求。

第五，制定绩效考核标准时需要对工作岗位的职责进行界定，明确工作产出的标准。

第六，制订员工培训计划时需要了解工作对员工的要求。

第七，在衡量工作岗位的相对价值（岗位评价）时需要从工作分析中获得有关工作的全面信息。

（六）工作分析的方法

工作分析方法的选择应用是工作分析达到预期结果的关键，在具体实践时必须给予高度重视。如果方法选择不当，就不能收集到可靠、准确和全面的信息。工作分析的方法有很多，各有其优缺点，没有一种方法能提供非常完整的信息，因此，往往需要综合使用这些方法。我们将工作分析方法划为定性和定量两类基本方法。

1. 定性分析法

定性分析法包括实践法、观察法、访谈法、问卷法等。

（1）实践法

实践法是指工作分析者通过直接参与某项工作，深入细致地体验、了解分析工作的特点、要求，从而获得有关工作信息的第一手资料。

其优点是能够客观、真实地进行工作分析；一些有经验的员工，由于不善于表达，或者并不了解自己完成任务的方式等，无法提供有效的信息时，职务分析者的亲身参与可以获得第一手资料。

其缺陷是对于一些危险的工作，不适合用这种方法收集信息；另外，对现代企业中许多高度专业化的工作，职务分析者往往由于不具备从事某项工作的知识和技巧，因此无法参与实践。

（2）观察法

工作分析者通过对实际工作过程的观察、了解，用文字或图表形式记录某一时期工作的内容、程序、形式和方法，并在此基础上分析有关的工作因素，以达到分析的目的。使用观察法时尽量不干扰被观察者的工作。

执行观察法时要注意四方面：

第一，被观察的工作应相对静止、稳定，即在一定时间内，工作内容、工作程序、对工作人员的要求不会发生明显的变化。

第二，要注意工作行为样本的代表性，有时有些行为在观察过程中可能未表现出来。

第三，适用于大量标准化的、周期较短的以体力活动为主的工作，不适用于脑力活动为主的工作。

第四，观察人员尽可能不要引起被观察者的注意，不应干扰被观察者的工作；观察前要有详细的观察提纲和行为标准。

观察法的优点是可以了解广泛的信息，如工作活动内容、工作中的各种行为等；采用这种方法收集到的资料多为第一手资料，排除了主观因素的影响，比较客观、正确；可以根据工作分析的实际需要，有选择地收集各种不同的信息；可以在工作过程中建立与任职者面对面的交流，在任职者对自己工作表述有障碍时，通过形体语言给予正确的解答，从而避免信息二次加工带来的失真现象；这种方法还适应大量标准的、周期短的以体力活动为主的工作。

缺点是这种方法不适用于脑力劳动成分比较高的工作和处理紧急情况的间歇性工作，如教师、作家、急救站的护士等工作，因为这些工作内容包括许多思想和心理活动及创造性和运用分析能力；这种方法还会影响观察资料的可信度，因为有的员工喜欢炫耀自己，在被观察的时候会有出色的表现，而有的人被观察时会异常紧张，影响其能力的发挥；这种方法的工作量较大，要耗费大量的时间、人力和财力等。

（3）访谈法

访谈法，又称面谈法，即工作者的目前工作，以个别谈话或小组座谈的方式收集信息资料的方法，请工作者讲述他们所做工作的内容，为什么做和怎样做，以此来获取所需的信息。

在进行访谈法时要注意以下操作要点。

第一，由于实践中采用全员访谈的可能性较小，所以要对重点访谈对象有计划、分层次地进行。

第二，访谈要取得访谈对象的配合，向对方说明访谈的目的和程序，保持访谈气氛的融洽。

第三，最好是结构化的访谈，因此要提前制定访谈提纲，便于统计和整理。

第四，访谈时间的选择要合理，一是尽量不要干扰访谈对象的正常工作，二是每次访谈最好不要超过两小时。

第五，访谈者的提问与表达要保持中立，不要介入和引导被访者的观点。

（4）问卷法

以标准化的形式列出一组任务或行为，要求被调查者（或测试者）对各种任务或行为的出现频率、重要性、难易程度，以及与整个工作的关系等如实作答，然后由计算机进行统计分析，从而获得有关的工作信息。问卷法的关键是问卷的设计要全面、科学和合理。

其优点是成本低、用时少，不影响工作；收集信息速度快，调查面广；可以量化，并且数据可以用计算机处理；精心设计的问卷可以获得大量有用的信息。问卷法根据特定的工作和目的来进行问卷设计，所以可用于多种方式和多种用途的分析，对简单的体力劳动和复杂的管理工作均可适用，而且对远距离调查更显其优越性。

缺点是设计调查表耗时多、费用较高；被测试者对所提出的问题的理解产生歧义时，影响调查结果的真实性；存在被调查者能否积极配合，以及不易了解被调查者的态度和动机等问题。

2. 定量分析法

许多企业在进行工作分析时都运用上述的一些定性工作分析方法，但在许多情况下，定性方法并不适用，如果要对各项进行比较来决定薪酬和待遇高低的时候，就需要采用定量的分析方法。定量的工作分析方法最为常用的有职位分析问卷法、功能性工作分析法和管理岗位分析问卷法等。

（1）职位分析问卷法

职位分析问卷法是一项基于计算机的、以人为基础的系统性职位分析问卷法。它是由美国普渡大学教授麦考密克于 1972 年提出的一种适用性很强的工作分析法。这种问卷结构严密，要求由工作分析人员填写，并且要求职务分析人员对被分析的职务要相当熟悉。职位分析问卷法共包含 194 项，其中的 187 项被用来分析完成工作过程中员工活动的特征（工作元素），另外七项涉及薪酬问题。该法中的所有项目被划分为六个部分。①

第一，信息输入，主要用来了解员工如何和从哪里获得完成工作时所需要使用的信息。

第二，体力活动，主要用来回答工作中包含哪些体力活动和需要使用什么工具设备来完成这些工作。

第三，脑力处理，主要用来回答工作中需要进行哪些推理、决策、计划和信息处理等脑力加工活动。

第四，人际关系，主要用来回答在工作中需要与哪些人发生何种内容的工作关系，如指导、指挥、监督他人，信息交流或与公众、客户的联系等。

第五，工作环境，主要指进行工作时的物理环境和社会环境，如高温下工作或者在人际关系紧张、工作压力大的环境下工作等。

第六，其他特征，主要指除了上述与工作有关的事项外，其他有关工作的行为、特征、条件等，如进行重复性活动等。

（2）功能性工作分析法

这种方法由美国训练与就业署开发。这种方法所依据的假设是，每一工作的功能都反映在它与资料、人和事三项要素的关系上，故可借此对各项工作进行评估。在各项要素中，各类基本功能都有其重要性的等级，数值越小，代表的等级

---

① 宋源．人力资源管理［M］．上海：上海社会科学院出版社，2017：134．

越高；数值越大，代表的等级越低。

采用这种方法进行工作分析时，各项工作都会得出数值，据此可以确定薪酬和待遇标准。此外，该方法同样也可以对工作、机器与工具、员工特征进行数量化的分析。

还可以在上述基础上进行扩充，即除了采用资料、人和事三项要素来分析工作以外，还补充了以下资料：完成工作所需要的教育程度，其中包括执行工作任务时所需要的推理和判断能力的程度，所需要使用数学能力的程度和应用语言能力的程度；绩效标准和训练要求。

（3）管理岗位分析问卷法

该种方法是由美国著名管理岗位分析专家亨普希尔、托诺瓦和平托等人开发的。

在分析管理者的工作时需要注意以下问题。一是管理者经常试图使他们的工作内容去适应自己的管理风格，而不是使自己去适应所承担的管理工作的需要，如在使用面谈法时，他们总是描述自己实际做的，而忘了自己应该做什么；二是管理工作具有非程序化的特点，工作内容会随时间的变化而变化，因而需要较长的时间考察和比较。因此分析管理人员的工作应使用调查问卷法，包括从行为的角度进行分析的管理行为调查问卷和从任务的角度进行分析的管理任务调查问卷。

管理岗位描述问卷法与职位分析问卷方法非常相似，管理岗位描述问卷法包括 208 个用来描述管理人员工作的问题。这种问卷由管理人员自己填写，也是采用 6 分标准对每个项目进行评分。208 个问题可划分为 13 个类别（表 2-2）。

表 2-2　管理岗位描述问卷问题类别

序号	类别
1	产品、市场和财务战略计划，指进行思考并制订计划以实现业务的长期增长和公司的稳定性
2	与组织其他部门和人事管理工作的协调，指管理人员对自己没有直接控制权的员工个人和团队活动的协调
3	内部业务控制，指检查与控制公司的财务、人事和其他资源

序号	类别
4	产品和服务责任，指控制产品和服务的技术，以保证生产的及时性和质量
5	与公众和客户关系，指一般通过与人们直接接触的办法来维护公司在用户和公众中间的形象和声誉
6	咨询指导，指发挥技术水平来解决企业中出现的特殊问题
7	行动的自主性，指在几乎没有直接监督的情况下开展工作活动
8	财务审批权，指批准企业大额的财务投入
9	员工服务，指提供诸如寻找事实和为上级保持记录这样的员工服务
10	监督，指通过与下属员工面对面的交流来计划、组织和控制这些人的工作
11	复杂性的压力，指在很大压力下工作并在规定的时间内完成所要求的工作任务
12	重要财务责任，指制定对公司的绩效构成直接影响的大规模的财务投资决策和其他财务决策
13	广泛的人事责任，指对人力资源管理和影响员工的其他政策具有重大责任的活动

二、工作设计理论知识

工作设计是指为了有效地达到组织目标与满足个人需要而进行的工作内容、工作职能和工作关系的设计。工作设计是一个根据组织及员工个人需要，规定某个岗位的任务、责任、权力，以及在组织中工作的关系的过程。

工作设计所要解决的主要问题是组织向其员工分配工作任务和职责的方式。主要通过满足员工与工作有关的需要来提高工作绩效的一种管理方法，因此，工作设计是否得当对激发员工的工作动机、增强员工的工作满意感，以及提高生产率都有重大的影响。

(一) 工作设计的主要内容

工作设计的主要内容包括工作内容设计、工作职责设计和工作关系设计三个方面。

1. 工作内容设计

工作内容设计是工作设计的重点，一般包括工作的广度、工作的深度、工作的自主性、工作的完整性，以及工作的反馈等五个方面。

（1）工作的广度设计

工作的广度是指工作的多样性。工作设计得过于单一，员工容易感到枯燥和厌烦，因此设计工作时，要尽量使工作多样化，使员工在完成任务的过程中能进行不同的活动，保持对工作的兴趣。

（2）工作的深度设计

设计的工作应具有从易到难的一定层次，对员工工作的技能提出不同程度的要求，从而增加工作的挑战性，激发员工的创造力和克服困难的能力。

（3）工作的自主性设计

适当的自主权力能增加员工的工作责任感，使员工感到自己受到了信任和重视。认识到自己工作的重要，使员工工作的责任心增强，工作的热情提高。

（4）工作的完整性设计

保证工作的完整性能使员工有成就感，即使是流水作业中的一个简单程序，也应是全过程让员工见到自己的工作成果，感受到自己工作的意义。

（5）工作的反馈性设计

工作的反馈包括两方面的信息：一是同事及上级对自己工作意见的反馈，如对自己工作能力、工作态度的评价等；二是工作本身的反馈，如工作的质量、数量、效率等。工作反馈信息使员工对自己的工作效果有个全面的认识，能正确引导和激励员工，有利于工作的精益求精。

2. 工作职责设计

工作职责设计主要包括以下五方面。

（1）工作责任设计

工作责任设计就是员工在工作中应承担的职责及压力范围的界定，也就是工作负荷的设定。责任的界定要适度，工作负荷过低，无压力，会导致员工行为轻率和低效；工作负荷过高，压力过大又会影响员工的身心健康，会导致员工的抱怨和抵触。

（2）工作权力设计

权力与责任是对应的，责任越大权力范围越广，否则两者脱节，会影响员工的工作积极性。

（3）工作方法设计

工作方法包括领导对下级的工作方法，组织和个人的工作方法等。工作方法的设计具有灵活性和多样性，不同性质的工作根据其工作特点不同采取的具体方法也不同，不能千篇一律。

（4）相互沟通设计

沟通是一个信息交流的过程，是整个工作流程顺利进行的信息基础，包括垂直沟通、平行沟通、斜向沟通等形式。

（5）协作设计

整个组织是有机联系的整体，是由若干个相互联系相互制约的环节构成的，每个环节的变化都会影响其他环节，以及整个组织运行，因此各环节之间必须相互合作、相互制约。

3. 工作关系设计

组织中的工作关系，表现为协作关系、监督关系等各个方面。

通过以上三个方面的岗位设计，为组织的人力资源管理提供了依据，保证事（岗位）得其人，人尽其才，人事相宜；优化了人力资源配置，为员工创造更加能够发挥自身能力、提高工作效率、提供有效管理的环境保障。

（二）影响工作设计的主要因素

一个成功有效的岗位设计，必须综合考虑各种因素，既需要对工作进行周密的有目的的计划安排，并考虑到员工的具体素质、能力及各个方面的因素，也要考虑到本单位的管理方式、劳动条件、工作环境、政策机制等因素。具体进行岗位设计时，必须考虑以下三方面的因素。

1. 员工

人是组织活动中最基本的要素，员工需求的变化是岗位设计不断更新的一个重要因素。岗位设计的一个主要内容就是使员工在工作中得到最大的满足。随着文化教育和经济发展水平的提高，人们的需求层次不断提高，除了一定的经济收益外，希望在自己的工作中得到锻炼和发展，对工作质量的要求也会更高。

只有重视员工的要求并开发和引导其兴趣，给他们的成长和发展创造有利条件和环境，才能激发员工的工作热情，增强组织吸引力，留住人才。否则随着员工的不满意程度的增加，带来的是员工的冷漠和生产低效，以致人才流失。因此，岗位设计时要尽可能地使工作特征与要求适合员工个人特征，使员工能在工作中发挥最大的潜力。

2. 组织

岗位设计最基本的目的是提高组织效率，增加产出。岗位设计离不开组织对工作的要求，具体进行设计时，应注意以下三点。

一是岗位设计的内容应包含组织所有的生产经营活动，以保证组织生产经营总目标的顺利和有效实现。

二是全部岗位构成的责任体系应该能够保证组织总目标的实现。

三是岗位设计应该能够有助于发挥员工的个人能力，提高组织效率。这就要求岗位设计时全面权衡经济效益原则和员工的职业生涯及心理上的需要，找到最佳平衡点，保证每个人满负荷工作，使组织获得生产效益，使员工提高个人满意度和获得安宁。

3. 环境

环境因素包括人力供给和社会期望两方面。

（1）人力供给

岗位设计必须从现实情况出发，不能仅仅凭主观愿望，而要考虑与人力资源的实际水平相一致。

（2）社会期望

社会期望是指人们希望通过工作满足些什么。不同的员工需求层次是不同的，这就要求在岗位设计时考虑一些人性方面的东西。

（三）工作设计的方法

工作设计的方法主要有以下三种。

1. 轮换工作内容

轮换工作内容指在组织的不同部门或在某一部门内部调动雇员的工作。目的在于让员工积累更多的工作经验。

2. 扩大工作内容

扩大工作内容，即扩展一项工作包括的任务和职责，这些工作与员工以前承担的工作内容非常相似，只是一种工作内容在水平方向上的扩展，不需要员工具备新的技能，所以，并不能改变员工工作的枯燥和单调。

3. 丰富工作内容

丰富工作内容是指在工作中赋予员工更多的责任、自主权和控制权。工作丰富化与工作扩大化、工作轮换都不同，它不是水平地增加员工工作的内容，而是垂直地增加工作内容，从而使员工会承担更多的任务、更大的责任，员工有更大的自主权和更高程度的自我管理，以及对工作绩效的反馈。

第三节 员工招聘与录用评估

一、员工招聘概述

随着社会和经济的发展，各行各业都需要大量的人才，市场竞争归根结底是人才的竞争。组织的生存与发展取决于是否具有一支高质量的人才队伍，因此，有效的招聘能够提高组织的竞争优势。招聘是组织吸引应聘人员，并从中选拔、录用组织所需员工的过程。

（一）员工招聘原则

在招聘过程中，企业应该遵循以下原则。

1. 双向选择、公平竞争

对所有应聘者应该一视同仁，不能人为地制造各种不平等的限制。要通过考核和竞争选拔人才。现在很多企业在选拔人才时是靠一些片面的带有主观性的方式进行的，比如靠领导的直觉和印象来选人。企业应该采用"赛马"的方法，以严格的标准、科学的方法对候选人进行测评，根据测评结果确定最终人选。

企业在确定候选人员之后，在正式聘用之前，应该清晰、明确、如实地告知候选人员，他们的职位能够享有的薪酬、福利待遇、带薪假期等内容，让候选人确定在此条件下是否愿意接受此职位。

2. 因事择人

组织应该根据人力资源计划进行员工招聘，无论是多招了人还是招错了人，都会给组织带来很大的负面作用，除了人力成本、低效率、犯错误等看得见的损失，由此导致的人浮于事还会在不知不觉中对组织文化造成不良影响，并降低组织的整体效率。

3. 公开

员工招聘信息、招聘方法应该公之于众，并且公开进行。这样做，一方面，可以将录用工作置于公开监督之下，以防止不正之风；另一方面，可以吸引大批的应聘者，从而有利于招聘到适合企业的优秀人才。

4. 效率

根据不同的招聘要求，灵活选用适当的招聘形式，用尽可能低的招聘成本录用高质量的员工。

5. 合法

对于应聘者的招聘与选拔必须遵守国家的法令、法规、政策，在聘用过程中不能有违法或违规的行为。

（二）员工招聘流程

招聘可以分为以下三个步骤。

1. 准备阶段

准备阶段主要是根据人力资源规划和职务说明书制订招聘计划。这是招聘的两个前提。人力资源规划可以得到人力资源净需求的预测，因此能够预计所要招聘的职位与部门、数量、类型等因素。职位说明书为录用提供主要的参考依据，也为应聘执行提供了详细信息。

2. 实施阶段

实施阶段包括招聘、选拔、录用。

招聘主要包括制订招聘计划、发布招聘信息、收集和分析应聘者的信息，是组织为了吸引更多更好的候选人来应聘而实施的一系列活动。

选拔是为了从应征的候选人中挑选出符合组织需要的各类人才，它是招聘工作中最关键的步骤。人员选拔过程一般分成初选和精选两个阶段。初选主要由人力资源部负责进行，它包括应聘者背景和资格的审查、初步面试。精选包括笔试、心理测试、第二次面试、选拔决策和体检等。精选阶段一般由人力资源部和用人部门的负责人共同协商决策。

人员选拔的方法既有心理测试等简便的测试，又有结构化面试及情景模拟等复杂的测试评估方法，在实际操作中根据不同需要加以选择。

应聘者经过前面几轮选拔之后，最后就是录用。这一阶段往往包括试用合同的签订、员工的初始安排、试用、初步的岗前培训、试用期评估以及正式聘用，并与新员工签订正式合同。

3. 评估阶段

评估包括三个方面：一是招聘成本评估，即对招聘中的费用进行调查、核实，并对照预算进行评估的过程。二是录用人员评估，即根据招聘计划对录用人员的质量和数量进行评估的过程。三是撰写招聘小结，招聘小结的主要内容有以下几方面：招聘计划、招聘进程、招聘结果、招聘经费、招聘评定等。[①]

（三）员工招聘方式

人力资源招聘获取的渠道多种多样，划分标准不同，所体现的形式也不同。根据招聘对象的来源可以分为内部招聘与外部招聘两种。见表2-3。

---

① 丁桂凤. 人力资源开发与管理 [M]. 北京：中国经济出版社，2016：75.

表 2-3 招聘渠道及其优缺点

	内部招聘	外部招聘
途径	1. 内部晋升或岗位轮换 2. 内部公开招聘 3. 内部员工推荐 4. 临时员工转正	1. 广告招聘 2. 校园招聘 3. 借助中介 4. 现场招聘 5. 网络招聘 6. 熟人推荐
优点	1. 激励员工士气，增强员工稳定性 2. 规避识人用人决策的失误 3. 招聘成本较低	1. 候选人员来源广，选择余地大，有利于招聘到一流人才 2. 新雇员工能带来新思想、新方法 3. 当内部有多人竞争而难以做出决策时，向外部招聘可在一定程度上平息或缓和内部竞争者之间的矛盾
缺点	1. 来源局限于组织内部，水平有限 2. 容易造成"近亲繁殖"，无法推陈出新 3. 可能会基于操作不公或员工心理原因造成内部矛盾	1. 招聘选拔人员时间较长，决策难度大 2. 招聘成本高 3. 对组织情况陌生，进入角色慢 4. 内部员工得不到机会，积极性可能受到影响

（四）员工招聘实施

在人员选拔过程中，对应聘者进行面试及各种测试是招聘实施的重要组成部分。

1. 选拔标准

评价人员进行选拔时主要有以下五方面的标准：信度、效度、普遍适用性、效用、合法性。

（1）信度

信度是评估测试效果的一个关键指标，指一个人在同一心理测量中几次测量结果的一致性，它反映测试所提供结果的一致程度。人员选拔中的许多工作都涉及通过对人性特征进行衡量来决定让谁来填补职位空缺。对于任一衡量手段，信度都是需要满足的一个非常关键的标准。例如，如果对智力这种相对较为稳定的特征进行测试的手段是可信的，那么一个人在不同的实践和不同的环境中通过这样一种测试手段时所得到的分数应该具有一致性。

信度差异范围在−1 至 1 之间，最高可以达到 1，但这是理想的状态，一般在实践中是达不到的。测试的信度越高，则越有可能依据测试结果所揭示出的差异性来做出决策。一般的智力测验的信度系数在 0.9 以上，就认为该测验信度相当好。在 0.8 以上就相当满意，如果低于 0.8，在没有更好的测验时只可做参考，不宜寄予过高的信赖。

信度可以分为以下三种信度指标：

一是再测信度。即同一个测验对同一个被测者进行前后两次测试，求其两次测试结果之间的相关，所得的相关系数就是再测信度。这个时间间隔一般在两个月以上才较为准确。

二是复本信度，又称等值性系数。它是以两个等值但题目不同的测验（复本）来测量同一群体，然后求得应聘者在两个测验上得分的相关系数。复本信度也要考虑两个复本实施的时间间隔。如果两个复本几乎是在同一时间内施测的，相关系数反映的才是不同复本的关系，而不掺有时间的影响。如果两个复本的施测相隔一段时间，则称稳定与等值系数。

三是分半信度。将题目分成对等的两半，根据两半测验所得的分数，计算其相关系数，即为分半信度指标。分半信度的获得条件是要求在一个心理测验里包括两个独立的复本，这样，一次测验以后就可以找到测试信度。

（2）效度

效度是指测试绩效与实际工作绩效之间的相关程度，也就是预测的有效性问题。测量工具的有效性在很大程度上将影响人员选拔的最终结果，组织总是试图通过尽可能准确的测量工具，区分高绩效员工与低绩效员工，因此，测试工具的效度是进行人员选拔最为关键的方面。效度的准差异范围在-1至1之间，效度最高是1。效度在0.3~0.4之间属于可接受范围，能达到0.5~0.6已是不错。根据问题的不同角度，可以把效度分为两类，即内容效度和效标关联效度。

内容效度是指测验在性质上与收集方法上与事先所建立的标准是否一致。要确定一个测试方法内容效度的高低，通常的方法就是请有关专家对有关项目进行全面考核，看其是否代表所要测试的内容，以此来确定它的内容效度。

效标关联效度，又叫试验效度，是指测验能否达到预期要求的程度。效标关联效度的确定是由测量的结果与有关人员对应聘者的相关活动进行评估的相关系数来决定的。

（3）普遍适用性

普遍适用性是指在某一背景下建立的选拔方法的效度同样适用于其他情况的程度。在通常情况下，可以概括出以下三种不同的背景：不同人员样本、不同处境以及不同时间段。

（4）效用

效用是指选拔方法所提供的信息对于组织的基本有效性进行强化的程度，即选拔方式的成本与组织收益的相对大小。

（5）合法性

选拔方式必须满足合法性要求，不应涉及候选人的隐私问题，应避免因选拔工具的使用引起法律纠纷。

2. 选拔方式

在人员选拔过程中，一些组织常常要对应聘者进行面试及各种测试。这是人员选拔的一种重要方式。

（1）心理测试

心理测试包括能力测试、个性测试、职业兴趣测试和动机测试。

能力测试是一种内在的心理品质，是个人顺利完成某一活动所必需的条件。

能力直接影响活动的效率，而且必须借助外在的活动才能表现出来。在员工选拔过程中经常使用的能力测试包括智力测试和能力倾向测试，后者包括言语理解能力、数量关系能力、逻辑推理能力、综合分析能力、特殊能力测试等。常见的能力倾向测试包括一般能力倾向测试、鉴别能力倾向测试。常见的智力测试工具包括韦克斯勒智力量表、瑞文标准推理测试。

个性测试。个性是指一个人具有的独特的、稳定的对现实的态度和行为方式，它具有整体性、独特性和稳定性等特点。对应试者个性测试的目的是寻找人的内在性格中某些对未来绩效具有预测效用或是与工作相匹配的特征，再结合其他指标来考虑应试者适合担任哪些工作。

职业兴趣测试可以表明一个人最感兴趣的并最可能从中得到满足的工作是什么。常用的职业兴趣测试是霍兰德（J. Holland）的职业偏好量表。霍兰德认为，大多数人可以分成以下六种职业兴趣类型：现实型、研究型、社会型、传统型、企业型和艺术型，每一种职业兴趣适应不同的工作岗位。①现实型的员工人格特点是害羞、真诚、持久、稳定、顺从、实际，其职业偏好是需要技能、力量、协调性的体力活动，如机械师、钻井操作工、装配线工人、农场主。②研究型的员工人格特点是分析、创作、好奇、独立，其职业偏好是需要思考、组织和理解的活动，如生物学家、经济学家、数学家、新闻记者。③社会型的员工，其人格特点是社会、友好、合作、理解，其职业偏好是能够帮助和提高别人的活动，如社会工作者、教师、议员、临床心理学家。④传统型的员工，其人格特点是顺从、高效、实际，但缺乏想象力和灵活性，其职业偏好是规范、有序、清楚明确的活动，如会计、业务经理、银行出纳员、档案管理员。⑤企业型的员工，其人格特点是自信、进取、精力充沛、盛气凌人，其职业偏好是那些能够影响他人和获得权力的言语活动，如法官、房地产经纪人、公共关系专家、小企业主。⑥艺术型的员工，其人格特点是富于想象力、无序、杂乱、理想、情绪化、不实际，其职业偏好是那些需要创造性表达的模糊且无规则可循的活动，如画家、音乐家、作家、室内装饰家。

在员工选拔中，组织常常要对应聘者的动机进行测试。动机是激发和维持个体的行为，并使行为朝向一定目标，以满足个体某种需要的内部动力。在实际工作中，不同的动机水平可能会影响员工的工作绩效水平，因此，有必要在招聘时对应聘者的动机进行测试。

（2）面试

面试，即通过主试者和应聘者双方面对面的观察、交流等双向沟通方式，了解应试者的素质、能力是否具备职位任职资格为目的的对话过程。面试是在各种组织中应用得最为广泛的一种选拔方法。通过面试，招聘者可以深刻而广泛地考察应聘者，考察方式灵活，获得的信息丰富，并且可以测试应聘者多方面的能力，防止虚假舞弊。但是，面试的结果由于受到面试者主观因素的影响较大，随意性较大，实施过程不规范，所以，其客观性和一致性会受到影响。

根据不同的分类标准，面试可以分成以下几种类型。

从参与面试的人数来说，面试可以分成个别面试、小组面试、集体面试与流水式面试。见表2-4。

表2-4　以面试参与人数为依据划分的面试类别

面试类型	面试过程
个别面试	一对一的面试。有利于双方的沟通和了解，但面试结果容易受面试官主观因素的影响
小组面试	多位面试官同时参与一位应聘者的面试过程。这种方法可以克服个别面试官的主观偏见
集体面试	多位主考官面对多位面试者同时提出一个或几个问题，由面试者讨论回答。在此过程中，面试官可以观察到不同应聘者的能力差异
流水式面试	一位面试者先后单独地与应聘单位不同的面试官见面，最后的面试结论由各个面试官共同综合分析得出。这种面试可以从多视角考察应聘者的情况，在外企招聘中应用较多

从面试组织形式的标准化程度来说，可以将面试分成结构化面试、非结构化面试和半结构化面试。见表2-5。

表 2-5　以面试组织形式为依据划分的面试类别

面试方式	面试过程	优缺点
结构化面试	根据事先制定的评估指标，测评人员用同样的提问顺序，向应聘者提问同样的问题，并通过测评人员与应聘者面对面的言语交流，对应聘者进行评估的标准化过程。这种面试主要考察应聘者的综合分析能力、言语表达能力、计划组织协调能力、应变能力、自我情绪控制、人际合作意识与技巧、求职动机与拟任职位的匹配性、举止仪表等	1. 结构化面试的问题、测评标准及实施程序等，都是事先经过科学分析确定的，从而尽可能确保整个面试过程有较高的效度和信度 2. 结构化面试中提出的问题都有特定的目的，因此能够客观地搜集并评估候选人的信息，尽量避免各种评估误差 3. 在面试过程中采用同样的标准化的方式，每个应试者面临相同的处境和条件，因此，面试结果具有可比性，有利于人员选拔
非结构化面试	允许应聘者在最大自由度上决定讨论的方向，不需要面试考官根据预先设计好的问题顺序向应聘者提问，谈话内容可以任意地展开。是面试考官和应聘者进行的一种开放式的、任意的谈话。一般面试考官的提问分为以下两种类型：一是描述性的问题，比如，"请你介绍一下以往的工作经历"；二是预见性的问题，主考官提出一些假设性的问题，要求应聘者就这些问题做出回答	非结构化面试对面试考官的素质要求较高，有经验的面试主考官可以从中获取对应聘者隐性胜任力的判断，从而通过职位候选人的自由发挥获得详细信息，以达到面试的目的。非结构化面试因为没有既定的模式、框架和程序，给面试双方充分的自由发挥空间，但是这种面试形式易受面试考官主观因素的制约，面试结果常常无法量化，信度与效度都大打折扣，无法同其他应聘者的评估结果进行横向比较，造成人才的流失。 由于非结构化面试的优缺点相对明显，因此非结构化面试往往作为其他甄选方式的前奏或是补充，发挥"补漏"的作用

面试方式	面试过程	优缺点
半结构化面试	半结构化面试的过程中先遵循一定的面试指导，将必须了解的与职位候选人有关的内容根据一定的顺序提问，然后面试考官可以根据职位候选人的具体情况进一步深入地交流。在面试过程中，面试考官在预先设计好的问题的基础上，又可以根据具体情况提出一些随机性的问题	半结构化面试具有双向沟通性，可以获得比较丰富、完整和深入的信息，而且可以使面试内容的结构性和灵活性相结合。因此，半结构化的面试既能够避免结构化面试的僵化，也能够避免非结构化面试对重要问题的可能遗漏。因此，半结构化面试得到越来越广泛的应用

从面试测试的目的来说，可以将面试分成压力面试和评估性面试。见表 2-6。

表 2-6 以面试测试目的为依据划分的面试类别

面试方式	面试过程
压力面试	将应聘者突然置于一种事先无法预料的环境或问题情境之中，在应聘者的背景中搜寻弱点，并提出具有攻击性的问题，看应聘者是否能做出合适的应对。若应聘者能对攻击性问题做出合适的应对，则说明他承受压力的能力较强；若应聘者被消极的情绪所左右，无法理智应对这些问题，表明其承受压力的能力较弱
评估性面试	针对应聘者以往的工作经历和工作绩效而展开的面试过程。这些问题不是围绕一种假设的或实际的场景展开的。而是会询问一些与职位相关的问题，目的是考察应聘者是否有能力处理企业正在招聘的这一职位有关的问题

依据不同的面试背景，将面试划分为情境面试、行为描述面试。见表 2-7。

表 2-7 以面试背景为依据划分的面试类型

面试方式	面试过程
情境面试	结构化面试的一种特殊形式。这种面试基于假设的情境而设计题目，通过评价应聘者在这些情境下的反应情况，对面试者进行评价。情境面试的试题多来源于工作，或是工作所需的某种胜任力的体现，通过模拟实际工作场景，反映应试者是否具备工作要求的胜任力

面试方式	面试过程
行为描述面试	基于应聘者过去的真实表现行为来提问，其依据是人的行为表现具有前后一致性。行为描述面试一个显著的特点就是常在问题中使用类似"请回忆一下当你遇到……时，你是怎样做的"提问方式。这种提问方式有助于发掘在过去工作中，对应试者印象最为深刻的事件，而这些事件往往是决定其工作绩效或离职的最关键的因素，考官也可以由此判断他选择本组织发展的原因，预测他未来在组织发展中所采取的行为模式。所以行为描述面试会比传统的面试更加有效

面试的程序主要包括以下方面。

面试准备阶段：这一阶段企业主要是做好面试的组织工作，包括成立面试小组、制订面试方案、拟定面试内容、印制面试所需要的各种表格及其他材料、准备考场和候考室、培训面试官和考务工作人员、熟悉应试者的基本情况等。此外，面试官在这一阶段还需要详细浏览面试计划和应聘者的应聘材料，根据应聘岗位的要求制定详细的面试提纲。

面试的实施阶段：这一阶段是面试正式开始的过程，可以进一步细分为四个阶段。

一是关系的建立阶段。这一阶段面试官和应聘者见面，面试官主要通过提出一些轻松的话题，以缓和考场的紧张气氛，注意营造一种轻松、和谐、友好的气氛，也可以从一些封闭性问题开始，使应聘者适应面试的环境。

二是导入阶段。面试官以一些开放性的问题引导应聘者进入正式面试阶段，可以让应聘者回答一些事先有所准备的问题，比如"请简单自我介绍一下""在你从事的营销工作中，你主要负责哪方面的工作"，等等。

三是正式沟通阶段。这是面试的主要环节，也是获得应聘者核心胜任力信息的关键步骤，主试官主要根据这部分信息做出最终的聘任决策。在这一阶段，面试官一方面按照预先拟定的一些面试问题提问；另一方面，根据应聘者的回答随机提问，挖掘更多的有效信息，从而全面了解其能力、素质、心理、工作动机等内容。

四是总结确认阶段。对于上一阶段获得的应聘者的关键胜任能力的信息进一步确认，这一阶段主要使用开放性的问题。

面试的结束阶段。面试官根据面试计划检查是否还有遗漏，这一阶段是最后的补遗阶段。一般采用开放性式提问，最后稍做总结，结束面试。这一阶段需要注意的是言语要轻松自然、流畅，不给应聘者留下疑惑、突然的感觉，给应聘者以友好的印象，但也不要流露出对应聘者评估的个人倾向。

面试结果的评估阶段。主要是对应聘者的面试情况进行综合分析与评估，确定每一位应聘者的素质和能力特点，比照既定的工作标准或人员录用标准做出录用决定。录用决定应该由参与面试的所有面试官共同做出。

通常，对应聘者的评估主要采取以下两种方式。

第一，召开面试结果研究会议。原则上要求所有参与面试的面试官都出席会议，通过与会人员的集体讨论，对每个应聘者在面试中的表现综合评估，勾画出每位应聘者的总体状况，将每位应聘者的综合评估结果与特定的工作要求或录用标准相比较，做出最后的录用决策。

第二，制定综合评估表。为提高效率，可事先设计一张评估表，表中罗列出有关某一岗位的目标维度，供参加面试的面试官打分，然后在会议上集中讨论，得出综合评分。评分表可采用五分制或百分制，也可在综合评分的基础上，再形成总结报告。

（3）评价中心技术

评价中心技术在二战后迅速发展起来，是现代人事测评的一种主要形式，也是一种综合性的人员测试方法。一次完整的评价中心通常需要两三天的时间，对个人的评价是在团体中进行的。评估中心最突出的特点就是使用了情境性的测试方法对被测试者的特定行为进行观察和评估。测试人员根据职位需求设置各种不同的模拟工作场景，让候选人参与，并考查他们的实际行为表现，以此作为人员选拔的依据。

常用的评估中心技术包括无领导小组讨论、公文筐测试、角色扮演、管理游戏法等。

一是无领导小组讨论。无领导小组讨论就是指一组应聘者（一般是 5~7 人）

讨论一个实际经营中存在的问题，讨论前并不指定谁是会议的主持者，在讨论中观察每一个应聘者的发言，以便了解应聘者心理素质和潜在能力的一种测评方法。通常，每个小组会有一名应聘者以组长的身份主持会议，这个人的领导能力相对较强。根据每一个应聘者在讨论中的表现，可以从以下几方面进行评估：领导欲望、主动性、说服能力、口头表达能力、自信程度、抵抗压力的能力、工作经历、人际交往能力等。同时，也可以要求应聘者在讨论完以后，写一份讨论记录，从中分析应聘者的归纳能力、决策能力、分析能力、综合能力、民主意识等。

无领导小组讨论具有区分和评价功能，在一定程度上能够区分出应聘者能力、素质方面的相对差异，并在一定程度上评价、鉴别应聘者某些方面的能力、素质和水平是否达到了规定的某一标准。无领导小组讨论还具有预测功能，能在一定程度上预测应聘者的能力倾向和发展潜力，预测应聘者在未来岗位上成功的可能性。

无领导小组讨论的优点是：能够检测出笔试和单一面试所不能检测出来的能力或者素质；可以根据应聘者的行为、言论对应聘者进行更加全面、合理的评价；能够使应聘者在相对无意中显示自己各个方面的特征；使应聘者有平等的发挥机会，从而很快地体现出个体差异；节省时间，有助于观察者对竞争同一岗位的应聘者的表现进行横向比较，观察到应聘者之间的相互作用；应用范围广，能够广泛应用于非技术领域、技术领域、管理领域等。

但是无领导小组讨论对讨论主题的选择和考官的要求较高；同时，单个应聘者的表现易受其他应聘者的影响。

二是公文筐测试。也称为公文处理法。它是对实际工作中管理人员掌握和分析资料、处理各种信息以及做出决策的工作活动的一种抽象和集中。在测评过程中，要求被测试者扮演某一特定角色，面对来自各方面的文件和信息，这样可以较好地评估被测评者的管理协调能力、判断能力、沟通能力、统筹规划能力、果断决策能力等，还能反映被测试者自身的个性特点和对他人的敏感性、与人交往的灵活性等特征。

这一选拔方式的主要优点为：具有灵活性，可以因不同的工作特征和所要评估的能力而设计题目；可以对个体的行为进行直接的观察；将个体置于模拟的工作情境中去完成一系列的工作，为每个应聘者提供相等的情境条件和机会；它能预测使人在管理上获得成功的潜能。

三是角色扮演法。角色扮演是情景模拟中的一个重要方法。它要求多个应试者共同参加一个管理性质的活动，每个人扮演一定的角色，模拟实际工作中的一系列活动，以此来观察应聘者的多种表现，从而了解其心理素质和潜在能力。例如要求应聘者扮演一名高级管理人员，由他来向主试者扮演的下级做指示。

这种测评能够有效地考察应试者的实际工作能力、团队合作能力、创造性、组织协调能力等，并且效度较高。

四是管理游戏法。管理游戏是让应聘者参与到一个企业真实的管理活动中去，典型性的事件内容既真实又富有竞争性，这种标准化的模拟活动既能够吸引应聘者的兴趣，也可以观察和测评应聘者实际的管理能力。

评估中心技术的优点在于：首先，评估者综合使用多种测试技术，并由多个评估者进行评估，因此，能够从不同的角度对被评估者的目标行为进行观察和评估，能够得到大量的信息，从而确保对被评估者进行较为可靠和有效的观察与评估。其次，评估中心采取的情境性测试方法是一种动态的测试方法，在被评估者与其他人交往和解决问题的过程中，可以对其较复杂的行为进行评估。另外，评估中心所采取的测试手段很多是对真实情境的模拟，因此能够客观地考察被评估者的能力和行为。但是，在评估中心技术所采用的情境性测试中，评估的主观性程度较高，制定统一的标准化的评估标准比较困难，评估中心技术的成本较高。

二、员工招聘录用

组织通过多种方法对应聘者进行选拔之后，招聘工作就进入决定性阶段，即决定录用人选。

（一）录用模式

1. 多重淘汰式

这种录用决策会依次实施多种考察和测试项目，每次淘汰若干低分者。对所有考察和测试项目全部通过者，再依据排名，确定最终录用名单。多重淘汰式录用决策适合于在一种测试维度上得分高不能补偿在另一种测试维度上得分低的职务。

2. 综合补偿式

这种录用方式将不同考察或测试项目的成绩互为补充，最后根据职位候选人在所有测试项目中的总成绩做出录用决策。

（二）录用前评估

1. 背景调查

背景调查就是对应聘者与工作有关的一些背景信息进行调查，以确定其任职资格。通过背景调查，一方面，可以发现应聘者过去是否存在不良记录，获得更全面的资料；另一方面，也可以对应聘者的诚信度进行考察。

2. 入职体检

体检也是录用决策前需要进行的环节之一，尽管不同的职位对身体健康程度的要求不同，但是在对身体健康有特殊要求的岗位招聘时，要特别注意对候选者进行严格的体检，以避免麻烦。体检这一环节比较简单，便于执行。组织可以指定一个信誉较好的医疗机构，安排候选人按时进行体检。

3. 分析候选人信息

为了有效地做出员工录用决策，组织要对候选人的胜任能力进行系统化的评估和比较，然后对各候选人进行比较做出决策。对各项胜任力设定权重是十分必要和有效的方法。只有对各项胜任力设定权重，才能保证选拔出来的人才的胜任力最强。同时，要考虑候选人的工作动机和职业兴趣等个人特性，这也是与良好的工作绩效分不开的。

三、员工招聘评估

招聘评估是招聘工作必不可少的环节，评估各种方法和招聘资源是否有效，最有效和最直观的还是看招聘的效果，评估招聘时可以测量的方面很多，下面介绍一些常用的招聘评估方法。

（一）招聘成本效益评估

招聘成本效益评估是对招聘效率的评估，通过对招聘中的各项费用进行审核，与招聘计划中的预算进行对比分析，以此评判招聘的效果。招聘成本分为招聘总成本和招聘单位成本。招聘总成本由两部分组成。一部分是直接成本，包括招聘费用、选拔费用、录用员工的家庭安置费用和工作安置费用以及其他费用（如招聘工作者的差旅费、应聘人员招待费等）；另一部分是间接费用，包括负责招聘人员的工资、内部提升费用、工作流动费用等。招聘单位成本是招聘总成本与实际录用人数之比。如果招聘实际花费得少，录用人数多，则招聘成本低；反之，则意味着招聘成本高。

招聘成本评估可以用到很多不同的公式，主要包括招聘总成本效用分析、招聘成本效用分析、人员选拔成本效用分析、人员录用成本效用分析等。公式如下：

总成本效用＝录用人数/招聘总成本

招聘成本效用＝应聘人数/招聘期间的费用

选拔成本效用＝被选中人数/选拔期间的费用

人员录用效用＝正式录用的人数/录用期间的费用

招聘收益成本比＝所有新员工为组织创造的总价值/招聘总成本

（二）录用人员数量与质量评估

招聘的有效性，一方面是指招聘的结果是否满足组织对于人力资源数量上的要求，另一方面是指新员工的素质和质量是否达到了组织上的用人标准。通过对被录用者的数量和质量进行评估分析，有利于找出招聘环节的薄弱之处，提高招聘工作的有效性。被录用者数量评估主要从应聘比、录用比、招聘任务完成比三方面进行。其计算公式如下：

应聘比＝应聘人数/计划招聘人数×100%

录用比＝录用人数/应聘人数×100%

招聘任务完成比＝录用人数/计划招聘人数×100%

招聘计划的目标是创造一个较大的可供选择的申请者池，因此，数量是进行评估的第一步。录用比的大小，可反映出录用者或应聘者的素质高低和招聘完成比的大小，可反映出招聘任务完成情况的好坏。

另外，招聘收益成本比也是评估招聘有效性的指标之一。招聘收益成本比是一种经济评估指标，其计算公式如下：

招聘收益成本比=所有被招聘员工为组织创造的总价值/招聘总成本。

招聘收益成本比越高，说明招聘工作越有效。

申请者池的资格素质是否能够满足空缺职位的要求，这是除了数量之外的又一关键性因素。对被录用者的质量评估通常根据人职匹配率或 P–J、P–O 合适度与空缺职位填补的及时性来考察，也可根据工作分析与录用标准对录用人员进行等级排列来评估。

第三章 员工培训开发与职业发展

第一节 员工培训开发概述

培训与开发是企业通过各种方式使员工具备完成现在或者将来工作所需要的知识、技能并改变他们的工作态度，以改善员工在现有或将来岗位上的工作业绩，并最终实现企业整体绩效提升的一种计划性和连续性的活动。

一、员工培训与员工开发初探

（一）员工培训

培训是在一个人身上进行投入。企业投入的是财力，而员工投入的是时间（有时也投入财力）。一个员工离开企业的可能性越小，企业在该员工身上的投入所得的回报就越高。企业对员工培训的主要目的是克服员工的低效率。一般来说，有效的培训所产生的生产性收益要大于培训所花费的成本。对于那些技术迅速变化的企业来说，员工培训尤其重要。

培训是一个学习训练的过程。在这一过程中，人们获得有助于促进实现各种目标的技术或知识。由于学习训练过程与企业的各种目标紧紧地联系在一起，因而培训既可从狭义的角度来理解，也可以从更广义的视野来看待。从狭义的意义上来看，培训为员工增添了他们现任职务所需要的知识和技能。广义的培训包括一般性的培训和培养两个部分。培养侧重于使员工获得既可用于当前工作，又为未来职业生涯所需的知识和技能。①

---

① 宋源.人力资源管理 [M]. 上海：上海社会科学院出版社. 2017：175.

（二）员工开发

人力资源开发是指给员工增添超过他们目前工作需要的各种能力。它是企业为提高员工承担各种任务之能力所进行的努力。这种努力既有利于企业，也有利于员工的事业发展。企业只有拥有各种具有丰富经历和高强能力的员工和管理者，才能增强竞争力和适应竞争环境变化的能力。另外，通过开发培养，员工个人的职业生涯的目标也将逐渐变得更加明确，职务也得以步步升迁。只要达到以下三方面的基本要求，企业内部的人力资源开发就能不断增强企业的竞争优势：

一是企业员工能积极地为产品和服务增加经济效益。

二是全体员工所拥有的各种能力与竞争对手相比占据优势。

三是这些能力是竞争对手不易仿效的。企业在某些方面总是面临"生产"还是"购买"的选择，即到底应该自己培养有竞争力的人才，还是"购买"那些已由别的什么单位培养成了的人才。当前的趋势表明，技术和专业人员通常是根据他们已具备的技能水平而被雇用，而不是根据他们学习的能力或行为特征而被雇用。目前，在劳动力市场上，企业明显的偏好是"购买"而不是"生产"那些稀缺的员工。不过，"购买"而非"生产"人才的做法，并非出于前面所提到的力图通过人力资源来保持竞争优势的需要。为了从事人力资源开发，必须首先制订各种人力资源规划。规划内容包括分析、预测和确定企业在人力资源方面的各种需要。人力资源开发计划使得企业可以预期由于退休、提升和迁居所造成的人员变动，它有助于确定将来企业所需要的各种技能的种类，以及为保证始终拥有这些能力的人才所需的开发培养工作。

人力资源规划首先应确定企业所需要的各种能力和所应具备的条件。企业现有条件将影响人力资源计划。所需能力的种类也会影响各种开发决策，如关于应该提拔什么样的人，以及企业后续领导人应是什么样的人等方面的决策。开发培养计划既会影响企业对开发培养需要的评估，也会受到这一评估的影响。各种开发培养措施都要依据对人才需要的评估。此外，企业还应对开发培养过程进行评估，并根据新的需要不断地加以改进。

（三）培训与开发的区别

培训是企业向员工提供所必需的知识与技能的过程；开发则是依据员工需求与组织发展要求对员工的潜能开发以及对职业生涯发展进行系统设计与规划的过程。两者的最终目的都是要通过改善员工的工作业绩来提高企业的整体绩效。

培训关注当前，所需时间较短，内涵较小，以为当前做准备为目标，属于强制性参与，使用工作经验的程度较低。开发则更关注未来，所需时间较长，内涵更大，主要以为变化做准备为目标，属于自愿型参与，使用工作经验的程度较高。

二、员工培训与开发的任务

（一）提高员工工作绩效水平

员工通过培训后，可以减少工作中的失误，降低因失误造成的损失。员工通过完善自身的知识能力结构，提高工作质量和工作效率，提高企业和个人的工作绩效水平。

（二）适应企业外部环境的变化

企业外部环境正随着生产技术更新发展而不断变化，企业可以花重金购买设备，却不一定能及时获取合适的专门人才，解决的方法正是通过加强培训。培训可以使企业员工的整体素质保持在一个较高的水平上，增强组织和个人的应变能力、适应能力和创造能力，从而保证企业或组织发展对人力资源的需求。

（三）提高和增进员工对企业的认同感与归属感

培训可以使具有不同价值观、信念，不同工作作风及习惯的人，树立共同的工作理念和行为规范，对员工起到凝聚、规范、导向和激励的作用，从而提升员工对组织的认同和归属。

三、员工培训与开发需要遵循的原则

(一) 服务企业战略和规划

培训与开发作为人力资源管理系统的一个子系统,要服务于企业的战略和规划,不仅要关注眼前的问题,更要立足长远的发展。

(二) 理论联系实际,学以致用

培训与普通教育的根本区别在于培训强调针对性和实践性,讲究实用实效。

要考虑员工特点和情况,制定出适合企业和个人共同发展需要的学习和培训内容。

(三) 全员培训和重点提高结合

要有计划、有步骤地培训所有员工,以提高全员素质。但在资源的分配使用上要有侧重,即先培训和开发技术和管理骨干人员,特别是中高层管理人员。

(四) 注重效益

企业作为一种经济组织,从事任何活动都是讲究效益的,都要以最小的投入获得最大的收益。在培训费用一定的情况下,要使培训的效果最大化;或者在培训效果一定的情况下,要使培训的费用最小化。

四、员工培训与开发的分类

(一) 按照培训对象分类

可以将培训开发划分为新员工培训和在职员工培训两大类。按照员工所处的层级不同,在职员工培训又可分为基层员工培训、中层员工培训和高层员工培训三类。

（二）按照培训形式分类

可以将培训开发划分为在职培训（On-the-Job Training，ONJT）和脱产培训（Off-the-Job Training，OFFJT）两类。在职培训指员工不离开工作岗位，在实际工作过程中接受培训；而脱产培训指员工离开工作岗位，专门接受培训。

（三）按照培训内容分类

可以将培训开发划分为知识类培训、技能类培训和态度类培训三大类。

第二节　员工培训开发的一般程序

员工的培训与开发工作是一项非常复杂的活动。在实践中，企业的培训工作是按照一定的程序和步骤进行的，程序化的培训流程是其可操作性、目的性和有效实施的基本保证。按照培训的时间序列和内在逻辑，通常将一个完整的培训周期划分为以下四个部分：培训需求分析、培训方案制订、培训实施和培训效果评估。

一、员工培训需求分析

（一）员工培训需求分析思路

培训前的需求分析是培训与开发工作的起点，它决定培训的目标和培训活动的方向。关键是详细分析现状与目标之间的差距，还要判断这些差距中哪些是可以通过培训解决的，哪些是不能通过培训解决的，并以此确定培训需求。只有正确把握了培训的需求状况，才能真正有效地组织实施培训。通常培训从以下三方面进行需求分析：组织分析、任务分析和员工分析。

1. 企业组织分析

在企业组织层面培训需求确认的主要依据是企业的经营发展战略，以及企业的组织目标、结构、内部文化、政策及未来发展等因素，企业的发展战略不同，经营的重点就会不同，因此培训的重点和方向也不同。企业的经营战略主要有集中型战略、企业内部成长战略、外部成长战略、紧缩投资战略四项，经营战略不同，对应的员工培训的重点也不同。

集中战略的重点是提高市场份额；减少运营成本；开拓并维持市场定位，主要通过提高产品质量；提高生产效率或革新技术流程，按需要制造产品或提供服务来实现，其关键事项是技术交流；现有劳动力的开发；特殊培训项目。因此，集中战略培训的重点是团队建设、人际交往、技能培训以及在职培训。

内部成长战略，重点是市场开发，产品开发，革新，合资。通过销售现有产品，增加分销渠道；拓展全球市场，调整现有产品；创造新的或不同的产品；通过合伙发展壮大来实现。其关键事项是创造新的工作任务；革新。其培训重点是支持或促进产品价值的高质量沟通文化培训，培养创造性思维和分析能力，工作中的技术能力，对管理者进行的反馈与沟通方面的培训，冲突调解技巧培训。

外部成长战略（兼并），重点是横向联合，纵向联合，发散组合。通过兼并那些处于产品、市场链条上相同经营阶段的公司以及那些与兼并者处于不同的领域的企业来实现。其关键事项是整合公司的富余人员，或进行重组。因此，其培训重点是判断被兼并公司雇员的能力、联合培训系统、合并公司的方法和程序团队建设。

紧缩投资战略的重点是节约开支；转产；剥离和债务清算。主要通过降低成本、减少资产；创造利润；重新制定目标；卖掉全部资产来实现，其关键是提高效率。因此，它的培训重点是革新、目标设置、时间管理、压力管理、领导技能培训；人际沟通培训；向外配置的辅助培训以及寻找工作技能的培训。

2. 员工任务分析

任务分析主要是通过查阅工作说明书或具体分析完成某一工作需要的技能，了解员工有效完成该项工作必须具备的条件，并找出差距，确定培训需求。在进行任务分析时，一般要按照下列步骤来进行：首先，选择有效的方法，列出一个岗位所要履行的工作任务的清单；其次，对所列出的任务清单进行确认，包括任务的执行频率、花费时间、难度、复杂程度等；再次，对每项任务需要达到的标准做出准确的界定，尽量用可以量化的标准来表述，例如"每小时生产 20 个"；最后，确定完成每项工作任务的 KSA 范围，K（knowledge）即知识，S（skill）即技能，A（attitude）即态度。

3. 人员分析

人员分析是针对员工来进行的，包括两方面的内容：一是对员工个人的绩效做出评价，找出员工现状与绩效标准的差距，以此确认培训需求；二是根据员工的岗位变动计划，将员工现有的状况与未来岗位的要求进行比较，以确定培训需求。通过人员分析，确定出企业中哪些人员需要接受培训以及需要接受什么样的培训。

在实践中，企业组织分析、员工任务分析和人员分析并不一定要按照某种特定的顺序来进行，但是，由于组织分析关注的是培训是否与企业的战略目标相匹配，主要解决的是企业层面的问题，因此进行培训需求分析时往往需要首先进行组织分析，其次才是任务分析和人员分析。

（二）员工培训需求分析方法

培训需求分析的方法有很多，其中最常用的方法有以下四种：观察法、问卷调查法、资料查阅法和访问法。

1. 观察法

观察法指直接到工作现场，通过观察员工的工作过程来进行培训需求的分析，可以得到有关工作环境的信息，将分析活动对工作的干扰降至最低。缺点是需要高水平的观察者，员工的行为方式可能因为被观察而受到影响。

2. 问卷调查法

问卷调查法就是将有关问题编制成问卷，通过让员工填写问卷来收集信息进行培训需求分析。问卷调查法的优点是费用低，可以从大量人员中收集信息，易于对信息进行归纳总结。缺点是耗费时间；回收率可能很低，有些信息可能不符合要求（虚假或隐瞒）；不够具体。

3. 资料查阅法

资料查阅法就是通过查阅有关的资料，比如专业期刊、技术手册、工作记录等来对培训需求进行分析。其优点是它是有关工作程序的理想信息来源，目的性强。缺点是材料可能过时，需要具备专业知识。

4. 访问法

访问法是通过访问的方式来获取信息进行培训需求分析的方法。访问可以是面对面的，也可以借助其他媒介，可以是集体访问，也可以是单独访问。在实践中，企业要根据实际情况来选择合适的方法。访问法有利于发现培训需求的具体问题及其产生的原因和解决办法；能和被访问者交流互动。其缺点是耗费时间，分析难度大，需要高水平的专家。

二、员工培训方案的制订

为了保证培训活动的顺利实施，需要根据培训目标制订出培训方案，它是培训目标的具体化与操作化，以此来指导培训的具体实施。一般来说，一个比较完备的培训方案应当涵盖 6 个 W 和 1 个 H 的内容，即 Why（培训的目标）、What（培训的内容）、Whom（培训的对象）、Who（培训者）、When（培训的时间）、Where（培训的地点及培训的设施）、How（培训的方式方法以及培训的费用）。

（一）员工培训目标

培训目标是指培训活动所要达到的目的，即企业期望员工以什么标准，在什么条件下去完成什么样的事情，以最终提高工作绩效。培训目标的制定不仅对培训活动具有指导意义，同时也是培训评估的一个重要依据。

（二）员工培训内容

培训内容主要可以分为以下三大类：一是知识类培训，又称为认识能力学习，通过培训要使员工具备完成岗位工作所必需的基本业务知识，如了解企业的基本情况、发展战略、经营方针、规章制度等；二是技能类培训，又称为肌肉性或精神性运动技能的学习，通过培训要使员工掌握完成岗位工作所必备的技术和能力，如谈判技术、操作技术、应变能力、沟通能力、分析能力等；三是态度类培训，又称为情感性学习，它与人的价值观和利益相联系。通过培训要使员工具备完成岗位工作所要求的积极态度，如合作性、积极性、自律性和服务意识等。为了便于员工学习，一般都要将培训的内容编制成相应的教材。培训的内容不同，教材的形式也不尽相同。

（三）员工培训讲师的选择

培训讲师选择得恰当与否对于整个培训活动的效果和质量的保障有直接影响，优秀的培训讲师往往能够促使培训工作更加富有成效。培训讲师的来源一般有两个渠道：一是内部渠道；二是外部渠道。

外部渠道的培训讲师比较专业，有先进的理念和培训经验；与企业没有直接关系，员工比较容易接受；可引起企业上下的关注。缺点是对企业不了解，培训内容可能不实用，针对性不强；费用高。

内部渠道的培训讲师对企业情况很了解，针对性强；培训费用低；可与参加培训的员工进行更好的交流。缺点是可能缺乏培训经验；受企业现有状况影响比较大，新理念和新思维较少；员工对培训讲师的接受程度可能比较低。

两个渠道的培训讲师选择各有利弊，因此，企业应当根据培训的内容和要求选择恰当的培训讲师。优秀的培训讲师应该具备良好的职业素养、丰富的培训经验和优秀的培训能力（包括讲解或口头表达能力、沟通与交流能力、问题的发现与解决能力、多媒体信息应用能力）。

（四）员工培训的方式方法

企业应该根据培训的内容以及成人学习的特点来选择相应的培训方法。汤姆·W.戈德（Tom. W. Goad）总结了成人学习的16条原理值得培训时借鉴。比如，成人喜欢在"干"中"学"、成人是通过与原有知识的联系和比较来学习的、培训最好能运用实例、成人更倾向于在非正式的环境氛围中学习。培训师应该是学习的促进和推动者，反复实践、熟能生巧、给予信息反馈、循序渐进、交叉训练、培训活动应紧扣学习目标；培训师要有激情、重复学习，加深记忆等。

（五）员工培训的费用

在培训计划中还需要编制培训预算。这里的培训费用一般只计算直接发生的费用，如培训地点的场租、培训的教材费、培训讲师的授课费、培训的设备费等。对培训费用做出预算，既便于获取资金支持以保证培训的顺利实施，也是进行培训评估的一个依据。

三、员工培训的实施

在培训实施过程中，要制作培训实施计划表和培训方案具体实施表，通过这两张表的制作，落实培训对象、培训讲师、培训地点、培训时间、培训内容等各种事项，确保培训的实施和取得相应的效果。

四、员工培训评估与反馈

培训的效果如何，可以从被培训员工所获得的知识、技能、态度的变化和其他特性应用于工作的程度和有效性来得到反映。培训效果可能是积极的，这时工作绩效会得到提高，这也是培训的根本目的；也可能是消极的，还可能是中性的，工作绩效会没有变化，甚至是恶化。培训的有效性评估最有代表性的观点是柯克帕特里克（Kirkpatrick）评估模型，柯氏评估模型从四个层次对一个培训项目进行评估，见表3-1。

表3-1 柯氏评估模型

评估层次	评估重点
反应评估	被培训员工满意度
学习评估	学到的知识、技能、态度、行为
行为评估	工作行为的改进
结果评估	工作中导致的结果

（一）反应评估与学习评估

反应评估是指被培训员工对培训项目的满意度，关注的是被培训员工对培训项目及其有效性的主观感受和看法，是最基本、最常用的评估方式。反应评估可以采取问卷调查法、面谈法、座谈法等方法。

学习评估是指被培训员工在接受培训以后，知识、技能、态度方面是否有所提高或改变以及有多大程度的提高或改变，更多地停留在认知层面上。学习评估可以采取考试法（知识）、实际操作（技能）、自我评价量表（态度）等方法。

（二）行为评估

行为评估是指被培训员工在接受培训以后工作行为发生的改变程度，也可以看作是对学习成果的运用，在工作中是否改进了以前的行为，是否运用了培训的内容。员工行为和组织效益的改变才是企业最终关注的结果。行为评估可采用360度反馈法，从多方面进行评估，或者采用常用的行为评价量表。

（三）结果评估

结果评估是与组织利益最为相关，也是最重要的评估层面。结果评估衡量经过培训后，组织的绩效是否得到了改善和提高，包括事故率下降、产品品质提升、流失率下降、员工士气提高、成本下降、利润增加等评估指标。

第三节　员工培训开发的内容及方法

一、员工培训内容与方法

培训是企业向员工提供所必需的知识与技能的过程，培训包括以下几方面。

（一）确立员工培训目标

各种培训目标必须与由需求分析所确定的培训需要联系起来。一项培训成功与否应该用所确立的目标来衡量。好的目标应该是可以被衡量的目标。例如，可为一个新来的销售职员设立如下目标：在两周之内显示出介绍所在部门每种产品之功用的能力。这一目标就是可衡量的目标，因此，它就可用作衡量内行化，即该员工是否掌握了应掌握内容的一个标准。通过运用以下四个标准之一，就可确立各种培训目标。

一是由于培训而导致的工作数量上的提高（如平均每分钟打字数量或每天平均审议的工作申请数量）。

二是培训后工作质量的提高（如重做工作的货币成本、废料损失或错误数量）。

三是培训后工作及时性的改善（如达到时间安排要求的情况或财务报告按时呈递的情况）。

四是作为培训结果的成本节约（如偏离预算情况、销售费用或萧条期成本费用）。

（二）实施员工培训

目标一旦确立，就可以开始进行实际培训。不管培训是与工作直接相关的还是在性质上更为广义的，均必须选择适当的培训方法。企业最普遍的培训方式是在职培训。不论这种培训是否是有计划的，人们都会从他们的工作经历中学到某些东西；如果工作经常变动，员工就会学到更多的东西。在职培训工作通常由管理者或其他员工或两者共同来负责。对员工进行培训的经理或负责人必须既能向职工讲解，又能向员工示范怎样来从事某项工作。工作指导训练是一种指导性的在职培训模式。这一培训模式形成于第二次世界大战期间，它主要用于培训那些几乎没有任何工作经验的人，以使其在生产军事设备的工业部门从事各种工作。事实上，由于这种培训模式在步骤上采取的是合乎逻辑的循序渐进方式，因此它是指导培训者进行培训的最佳方法。

（三）员工培训媒介

提供信息的培训人员可以采用多种辅助手段。有些辅助手段可以被用于多种场合，并可与其他培训方法合起来使用。计算机辅助指导和视听教具是最常用的辅助手段。另一个辅助手段是远距离教学，这种手段使用双向反馈电视或计算机技术。

1. 计算机辅助

计算机辅助指导使得受训人可以通过人机对话来学习。计算机辅助指导技术的应用受到以下两种需要的驱动：一是提高培训效率的需要，二是尽快将所学到的东西用于改进工作的需要。计算机非常有助于指导、测试、操演、练习和模拟应用。计算机辅助指导的一个重要优点是它允许自学，因此受到许多人的偏爱。作为一种培训工具，计算机可使人们自己确定学习进度，并且通常可在各种工作场所使用。而基于校园的辅导教学，则需要员工在工作岗位以外花费大量的时间。

2. 视听辅助

其他技术辅助手段大多是视听性的，包括录音带和录像带、电影、闭路电视和双向反馈的电视远途通信。除了互反馈电视外，其他都是单向信息传播。单项传播手段可以提供那些在教室无法提供的信息，如仪器操作、许多试验及行为测试的演示等。互反馈电视给计算机辅助指导增加了新的视听功能，它用屏幕触动输入法代替了键盘输入。视听辅助手段还可与卫星通信系统相连接。连接之后，就可向分布于各州的销售人员同时输送一样的信息，如新产品详图等。

3. 远距离培训和学习

许多大专院校运用互反馈电视进行教学。这一媒体使得一个老师可以在一个地点向散布于各个城镇中的"班级"授课并回答提出的问题。如果这种系统得以彻底完善，员工就可在世界的各个角落听课，既可在工作单位，也可以在家中。目前，有些院校正在为一些公司设计某些课程和学位，这些公司只须支付一定的费用，学校就会向使用互联网和其他远距离学习手段的员工传送这些课程。

（四）培训学习的心理特点

无论采用什么样的培训技术和方法，都应该适应人们的学习习惯。心理学学科已对学习问题从事了多年的研究。在设计各种培训计划时应考虑到一些基本的学习原理。在企业从事工作本身就是一个持续的学习过程，而学习是各种培训活动的核心。人们学习的进度不等，学以致用的能力也不尽相同。用于学习的努力必然与学习的动机或意向相伴随。当所学内容对人们来说具有实际用途时，人们就更愿意从事学习。

1. 整体学习

在培训开始时，使受培训人对他们所要从事的事情有一个总体的了解，通常比让他们立即从事具体事项的效果要好一些。这种学习方法被称作整体性学习方法或格式塔学习方法。当将这一方法运用于职业培训时，它要求在将授课内容分成一个个组成部分之前，应首先使员工了解所有这些组成部分是怎样组成为一个整体的。

2. 强化学习

强化这一概念源自效力定律，它表示人们倾向于重复那些使他们受到某种正面鼓励的举止和行动，同时避免那些可能导致负面后果的举止和行动。一个人受到的鼓励（强化）既可以是内在的，也可以是外在的。例如，一个学会使用一种新的心电图仪的护士因被授予结业证书而受到了外在的鼓励。内在的鼓励则是因学会了某种新东西而产生的自豪感。

3. 立即确认

立即确认指的是，在培训过程中，越早给予受训人以正面鼓励，受训人学习的效果就会越好。另外，不论受训者的反应是否正确，都应尽早指出，这样才能得到更好的效果。

4. 自主实习

学习新的技能需要进行实习。自主实习指受培训者在培训中直接从事与工作有关的任务和职责。这种做法比之单纯地阅读或被动地听讲要有效得多。一旦基本的讲授结束后，自主实习就应该被应用到每一个培训场合。

5. 培训的运用

培训必须被运用到工作中去。培训要想产生有用的效果，就必须使受训人做到以下两点：一是掌握在培训中所学的东西，并将其及时应用于实际工作；二是在工作职务上长期保持对所学东西的应用。

（五）培训考评

培训考评指将岗位培训结果与经理、培训人员和受培训者的预期目标进行比较。在很多情况下，在培训结束后，企业并未想到对培训效果进行考核。但是，由于培训既耗时间又需费用，因此企业有必要将培训考核纳入培训计划。

（六）培训方法

人力资源培训的效果在很大程度上取决于培训方法的选择。目前，人力资源培训的方法有很多，且不同的培训方法具有不同的特点，其自身也是各有优劣。选择合适有效的培训方法，需要考虑培训的目的、培训的内容、培训对象的自身特点及具备的培训资源等因素。培训的主要方法有传授法、演示法、团队建设法等。

1. 传授法

传授法是一种要求受训者积极参与学习的培训方法。传授法有利于开发受训者的特定技能，理解技能和行为如何能应用于工作当中，可使受训者亲身经历一次工作任务完成的全过程。主要包括在职培训法、商业游戏法、互联网培训法等。

（1）在职培训法

在职培训是指新员工或没有经验的员工通过观察并效仿同事和管理人员执行工作时的行为而进行的学习。与其他方法相比，在职培训在材料、培训人员工资或指导上投入的时间或资金相对较少，因此是一种很受欢迎的方法。不足之处在于，同事与管理人员完成一项任务的过程并不一定相同，在传授有用技能的同时也可能传授了不良习惯。

（2）商业游戏法

商业游戏法是指受训者在一些仿照商业竞争规则的情景下收集信息并对其进行分析、做出决策的过程。主要用于管理技能开发的培训中。参与者在游戏中所做的决策的类型涉及各个方面的管理活动，包括劳工关系（如集体谈判合同的达成）、市场营销（如新产品的定价）、财务预算（如购买新技术所需的资金筹集）等。游戏能够帮助团队队员迅速构建信息框架，以及培养参与者的团队合作精神；游戏采用团队方式，有利于营造有凝聚力的团队。

（3）互联网培训法

互联网培训主要是指通过公共的（因特网）或私有的（内部局域网）计算机网络来传递，并通过浏览器来展示培训内容的一种培训方式。互联网上的培训可以为虚拟现实技术、动感画面、人机互动、员工间的沟通，以及实时视听提供支持。

2. 演示法

演示法是指将受训者作为信息的被动接受者的一些培训方法。主要包括传统的讲座法、远程学习法及视听技术学习。

（1）讲座法

讲座法是指培训者用语言表达其传授给受训者的内容。讲座的形式多种多样，不管何种形式的讲座，它是一种单向沟通的方式——从培训者到听众。尽管交互式录像和计算机辅助讲解系统等新技术不断出现，但讲座法仍是员工培训中最普遍的方法。讲座法的成本最低、最节省时间；有利于系统地讲解和接受知识，易于掌握和控制培训进度；有利于更深入地理解难度大的内容，而且可同时对许多人进行教育培训。因此，它可作为其他培训方法的辅助手段，如行为模拟与技术培训，讲座可以在培训前向受训者传递有关培训目的、概念模型或关键行为的信息。讲座法的缺点在于受训者的参与、反馈与工作实际环境的密切联系——这些会阻碍学习和培训成果的转化，它的内容具有强制性，不易引起受训者的注意，信息的沟通与效果受教师水平影响。

（2）远程学习

远程学习通常被一些地域上较为分散的组织用来向员工提供关于新产品、政策或程序、技能培训，以及专家讲座等方面的信息。主要包括电话会议、电视会议、电子文件会议，以及利用个人电脑进行培训。培训课程的教材和讲解可通过网络或一张可读光盘分发给受训者。受训者与培训者可利用电子邮件、电子留言板或电子会议系统进行交互联系。远程学习是参与培训项目的受训者同时进行学习的一种培训方式，为分散在不同地点的员工获得专家培训机会，为组织节省一部分差旅费。

（3）视听法

视听教学法是利用幻灯、电影、录像、录音等视听教材进行培训。这种方法利用人体感觉（视觉、听觉、嗅觉等）去体会，比单纯讲授给人的印象更深刻。录像是最常用的培训方法之一。被广泛运用在提高员工沟通技能、面谈技能、客户服务技能等方面。[①]

3. 团队建设法

团队建设法是用以提高团队或群体成员的技能和团队有效性的培训方法。注重团队技能的提高以保证进行有效的团队合作。这种培训包括对团队功能的感受、知觉、信念的检验与讨论，并制订计划将培训中所学的内容应用于工作中的团队绩效上。团队建设法包括团队培训、探险性学习和行为学习。

（1）团队培训

团队培训是通过协调在一起工作的不同个人的绩效从而实现共同目标的方法。团队培训方法多种多样，可以利用讲座或录像向受训者传授沟通技能，也可通过角色扮演或仿真模拟给受训者提供讲座中强调的沟通性技能的实践机会。团队培训的主要内容是知识、态度和行为。团队培训的方式有交叉培训、协作培训与团队领导技能培训。交叉培训即团队队员熟悉并实践所有人的工作，以便团队队员离开团队后其他成员容易承担其工作。协作培训即对团队进行如何确保信息共享和承担决策责任的培训以实现团队绩效的最大化。团队领导技能培训即团队管理者或辅助人员接受的培训，包括培训管理者如何解决团队内部冲突，帮助团队协调各项活动或其他技能。

（2）探险性学习

探险性学习也称为野外培训或户外培训。它是利用结构性的室外活动来开发受训者的团队协作和领导技能的一种培训方法。该方法最适应于开发与团队效率有关的技能，如自我意识能力、问题解决能力、冲突管理能力和风险承担能力等。

---

① 周希林，陈媛. 人力资源管理 [M]. 武汉：华中科技大学出版社，2012：148

（3）行动学习

行动学习法即给团队或工作群体一个实际工作中所面临的问题，让团队队员合作解决并制订出行动计划，再由他们负责实施该计划的培训方式。行动学习一般包括6~30个员工，其中包括顾客和经销商。团队构成可以不断变化。第一种构成是将一位需要解决问题的顾客吸引到团队中；第二种构成是群体中包括牵涉同一个问题的各个部门的代表；第三种构成是群体中的成员来自多个职能部门又都有各自的问题，并且每个人都希望解决各自的问题。

二、员工开发及其方法

（一）开发需求

不论公司还是个人，都可以分析一个人在发展过程中有哪些需要。分析的目的当然是确定每个人的长处和短处。公司用于判断发展需要的措施包括评估中心、心理测试、工作考核、辅导和员工自我评估。

1. 评估中心

评估中心是用于诊断员工发展需要的设备和措施的汇集。这些东西被用于开发和选拔经理人员的工作。如一个潜在的管理者离开岗位，用2~3天的时间在中心从事多项活动。这些活动事项包括角色演习、笔试、案例研究、无主持人的小组讨论、管理博弈游戏、同类人评价、收文篮练习等。所谓收文篮，是指办公室中用于存放待处理来函及文件的用具，如文件夹、抽屉等。收文篮练习就是从经理的收文篮中抽出一些带有典型问题"签"，然后由受训人来处理这些问题。以上这些练习的大部分内容都是实际管理情况的写真，从而要求受训人施展管理方面的能力和工作方式。在这一练习期间，将有若干经过特别训练的裁判人员对受训人进行观察。

2. 全面的心理测试

用纸笔进行心理测试的方法已被使用了好几年。这种书面测试的目的是确定员工的发展潜能以及各种需要。其他经常采用的还有智商测试、词汇和数学逻辑测试以及人格测试等。这些测试可以为企业提供各种非常有用的信息，如员工的动机、推理能力、领导风格、人际交往的特点以及工作偏好等。

3. 准确的工作考核

准确的工作考核是培养计划的信息来源之一。关于工作效率、员工关系、职业知识以及其他有关方面的表现情况的资料，都是对培养计划有用的信息。

4. 给员工辅导

辅导是一种最古老的在职培养方式，它是由员工最直接的负责人给予员工的日常培训和校正。辅导贯穿学习的全过程。在辅导中，员工和负责人或经理之间应保持健康和开诚布公的人际关系。为了使辅导更加有效，许多企业开设了正式的培训课程来提高经理们的辅导水平。

5. 员工自我评估

在确定哪些培养方法最适合不同的培养对象时，企业关于每个员工的培养计划和员工自己的发展计划应该受到同等重视。企业应将员工自我评估作为整个开发培养过程的一个组成部分。员工可采用测试、研讨会和阅读有关读物等方式来进行自我评估。

（二）开发工作中的问题

在人力资源开发工作中，有可能犯一些常见的错误或遇到一些常见的问题。大多数问题起因于计划的不当或各种工作缺乏应有的协调。常见的问题包括以下类别。

第一，需求分析不当。需求分析是人力资源开发工作的基础，若分析不当，则会导致培训计划、内容或方法与实际需求脱节，浪费资源且效果不佳。因此，进行需求分析时，应充分考虑组织战略、岗位需求、员工个人发展等多方面因素，通过调研、访谈等方式收集准确信息，确保需求分析的全面性和准确性。

第二，试用别出心裁的培养计划或培训方法。虽然创新是好的，但过于追求新颖而忽视实际效果的培养计划或方法可能并不适合组织或员工，导致培训成果不佳。在尝试新的培养计划或方法时，应先进行小范围试点，评估其效果和适用性，再根据评估结果决定是否全面推广。同时，也要结合传统有效的培训方法，确保培训效果的稳定性。

第三，放弃在促进员工发展方面的责任。一些组织可能认为员工发展是员工个人的事情，从而忽视在员工发展方面的投入和支持，这会导致员工缺乏发展机会，影响工作积极性和组织整体绩效。因此，组织应明确员工发展是组织的重要责任，通过制订员工发展计划、提供培训和学习资源、建立晋升机制等方式，积极促进员工发展，实现员工与组织的共同成长。

第四，领导开发活动的人员缺乏应有的训练。负责人力资源开发工作的人员如果缺乏必要的培训和能力，可能会影响培训活动的组织和实施效果。因此，组织应定期对负责人力资源开发的工作人员进行培训和能力评估，确保他们具备专业知识和技能，能够胜任开发工作。同时，也可以引入外部专家或机构进行合作，提升开发活动的专业性和效果。

第五，将"上课听讲"作为唯一的开发措施。单一化的培训方式可能无法满足员工多样化的学习需求和发展需求，导致培训效果有限。可以尝试采用多元化的培训方式，如案例分析、角色扮演、小组讨论、在线学习等，以满足不同员工的学习风格和需求。同时，也要注重实践环节的设计和实施，让员工能够在实践中学习和成长。

（三）开发方法

员工开发方法一般有四种：正规教育、工作实践、人员测评、开发性人际关系的建立等。

1. 正规教育

正规教育项目包括员工脱产和在职培训的专项计划，由顾问或大学提供的短期课程、在职工商管理硕士课程，以及住校学习的大学课程计划。这些开发计划一般通过企业专家讲座、商业游戏、仿真模拟、冒险学习与客户会谈等培训方法来实施。

2. 工作实践

工作实践是指员工在工作中所遇到的各种关系、问题、需要、任务，以及其他一些特征。其前提假设是当员工过去的经验和技能与目前工作所需不相匹配时，就需要进行人员开发活动。为了有效开展工作，员工必须拓展自己的技能，以新的方式来应用其技能和知识，并积累新的经验。利用工作实践进行员工开发有各种方式，包括工作轮换、工作调动、工作扩大化、晋升、降级或其他的临时性工作安排。

3. 人员测评

人员测评是在收集关于员工的行为、沟通方式，以及技能等方面信息的基础上，为其提供反馈的过程。在这一过程中，员工本人、其同事与上级及顾客都可以提供反馈信息。人员测评通常用来衡量员工管理潜能及评价现任管理人员的优缺点，也可用于确认向高级管理者晋升的管理者潜质，还可与团队方式结合使用来衡量团队成员的优势与不足，以及团队效率和交流方式。

4. 开发性人际关系的建立

员工通过与企业中更富有经验的其他员工之间的互动来开发自身的技能，增强与企业和客户有关的知识。导师指导和教练辅导是两种建立开发性人际关系的方式。

（1）导师指导

导师是指企业中富有经验的、生产效率高的资深员工。大多数导师关系是基于导师和受助者的共同兴趣或共同的价值观而形成的。具有某些个性特征的员工（有对权力和成功的强烈需求、情绪稳定、具有较强的环境适应能力等）更有可能去寻找导师并能得到导师的赏识。企业可将成功的高级员工和缺乏工作经验的员工安排在一起工作，形成导师关系。

（2）教练辅导

教练就是同员工一起工作的同事或经理。教练可鼓励员工、帮助其开发技能，并能提供激励和工作反馈。教练一般可扮演三种角色：第一种角色是给员工提供 一对一的训练（提供反馈）；第二种角色是帮助员工自我学习，包括帮助员工找到能协助其解决他们所关心问题的专家，以及教导员工如何从他人那里获得信息反馈；第三种角色是向员工提供通过导师指导、培训课程或工作实践等途径无法获得的其他资源。

第四节 员工职业生涯规划与发展

一、职业生涯规划基本理论知识

(一) 职业生涯与职业生涯管理的内涵

1. 职业生涯

生涯指个人一生的道路或者历程,既包括个人一生所从事的职业以及所担任的职务、角色,也涉及其他非职业的活动,包括个人生活中衣食住行娱等各方面的活动与经验。生涯的概念较为广泛,与职业的概念不同,涵盖的范围涉及个人的一生。

职业生涯是指一个人一生中的所有与工作相联系的行为与活动,以及相关的态度、价值观、愿望等连续性经历的过程,包括人的过去、现在和将来。一个人的职业生涯通常包括一系列客观环境的变化以及主观直觉的变化。一个人可以通过改变客观的环境,如转换工作,或者改变对工作的主观评价,如调整期望,来管理自己的职业生涯。因此,与工作相关的个人活动及其对这些活动所做出的主观反应都是其职业生涯的组成部分,必须把两者结合起来,才能充分理解一个人的职业生涯。同时,随着时间的推移,职业生涯是不断向前发展的,并且无论从事何种职业、具有何种晋升水平、工作模式的稳定性如何,所有人都拥有自己的职业生涯。此外,个人、组织和环境对个人的工作生命周期有影响。个人在职业生涯过程中所做出的关于工作和职业方面的选择,在很大程度上取决于个人以及组织内部的力量。当然,其他外部力量,如社会、家庭和教育体系,也起到很重要的作用。一方面,个人受其技能、知识、能力、态度、价值观、个性和生活环境等的影响而做出特定的工作选择;另一方面,组织为个人提供工作及相关信息,以及个人可以在将来谋求其他工作的机会和条件,也影响个人的职业选择和职业生涯的发展。

在现实生活中，一个人选择一种职业后也许会终生从事，也许会一生转换几种职业。无论怎样，一旦开始进入职业角色，其职业生涯就开始了，并且随时间的流逝而延续。职业生涯就是表示这样的一个动态过程，是指一个人一生在职业岗位上所度过的、与工作活动相关的连续经历，并不包含在职业上成功与否或进步快与慢的含义。因此，不论职位高低，不论成功与否，每个工作着的人都有自己的职业生涯。职业生涯不仅表示职业工作时间的长短，而且包含着职业发展、变更的经历和过程，包括从事何种职业工作，职业发展的阶段、由一种职业向另一种职业转换等具体内容。

2. 职业生涯管理

职业生涯管理是指组织为了更好地实现员工的职业理想和职业追求，寻求组织利益和个人职业成功最大限度一致化，而对员工的职业历程和职业发展所进行的计划、组织、领导、控制等采取一系列的手段。

(1) 职业生涯管理对组织的意义

职业生涯开发与管理对组织而言也同样具有深远的意义，主要体现在以下三方面。

第一，职业生涯管理能够帮助组织了解组织内部员工的现状、需求、能力及目标，职业生涯管理可以调和同存在于企业现实和未来的职业机会与挑战间的矛盾。职业生涯开发与管理的主要任务就是帮助组织和员工了解职业方面的需要和变化，帮助员工克服困难，提高技能，实现企业和员工的发展目标。

第二，职业生涯管理能够更加合理与有效地利用人力资源，合理的组织结构、组织目标和激励机制都有利于人力资源的开发利用。同薪水、奖金、待遇、地位和荣誉的单纯激励相比，切实针对员工深层次职业需要的职业生涯开发与管理具有更有效的激励作用，同时也能进一步开发人力资源的职业价值。而且，职业生涯开发与管理由于针对组织和员工的特点"量身定做"，同一般奖惩激励措施相比具有较强的独特性和排他性。

第三，职业生涯管理能够为员工提供平等的就业机会，对促进企业持续发展具有重要意义。职业生涯开发与管理考虑了员工不同的特点和需要，并据此设计不同的职业发展途径和道路，利于不同类型员工在职业生活中扬长避短。在职业生涯管理中的年龄、学历、性别的差异，不是歧视，而是不同的发展方向和途径，这就为员工在组织中提供了更为平等的就业和发展机会。因此，职业生涯开发与管理的深入实施，有利于组织人力资源水平的稳定和提高。尽管员工可以流动，但通过开展职业生涯开发与管理工作可以使全体人员的技能水平、创造性、主动性和积极性保持稳定，甚至提升，这对于促进组织的持续发展具有至关重要的作用。

（2）职业生涯管理对员工的意义

职业生涯管理对员工个人而言其意义与重要性主要体现在以下三方面。

第一，职业生涯管理能够增强员工对职业环境的把握能力和对职业困境的控制能力。职业生涯开发与管理及其所开展的职业生涯规划等方面的工作，不仅可以使员工了解自身的长处和短处，养成对环境和工作目标进行分析的习惯，又可以使员工合理计划、安排时间和精力开展学习和培训，以完成工作任务、提高职业技能。这些活动的开展都有利于强化员工的环境把握能力和困难控制能力。

第二，职业生涯管理能够帮助员工协调好职业生活与家庭生活的关系，更好地实现人生目标。良好的职业规划和职业生涯开发与管理工作，可以帮助员工从更高的角度看待职业生活中的各种问题和选择，将各分离的事件结合在一起，相互联系起来，共同服务于职业目标，使职业生活更加充实和富有成效。同时，职业生涯管理帮助员工综合地考虑职业生活中个人追求、家庭目标等其他生活目标的平衡，避免顾此失彼、左右为难的窘境。

第三，职业生涯管理能够使员工实现自我价值的不断提升和超越。员工寻求职业的最初目的可能仅仅是找一份可以养家糊口的差事，进而追求的可能是财富、地位和名望。职业规划和职业生涯开发与管理对职业目标的多次提炼可以逐步使员工工作目的超越财富和地位之上，追求更高层次自我价值实现的成就感和满足感。因此，职业生涯开发与管理可以发掘出促使人们努力工作的最本质的动力，升华成功的意义。

二、职业生涯发展阶段理论概述

（一）施恩职业生涯九阶段理论

美国心理学家和职业管理学家施恩（Edgar H. Schein）教授立足人生不同年

龄段面临的问题和职业工作主要任务，将职业生涯分为九个阶段，① 见表3-2。

表3-2 施恩职业生涯九阶段理论

阶段	角色	主要任务
成长、幻想、探索阶段（0—21岁）	学生、职业工作的候选人和申请者	（1）发展和发现自己的需要和兴趣、能力和才干，为进行实际的职业选择打好基础；（2）学习职业方面的知识，寻找现实的角色模式，获取丰富信息，发展和发现自己的价值观、动机和抱负，做出合理的受教育决策，将幼年的职业幻想变为可操作的现实；（3）接受教育和培训，开发工作世界中所需要的基本习惯和技能。在这一阶段所充当的角色是学生、职业工作的候选人、申请者
进入工作世界（16—25岁）	应聘者、新学员	（1）进入劳动力市场，谋取可能成为一种职业基础的第一项工作；（2）个人和雇主之间达成正式可行的契约，个人成为一个组织或一种职业的成员
基础培训（16—25岁）	实习生、新手	（1）了解、熟悉组织，接受组织文化，融入工作群体，尽快取得组织成员资格，成为一名有效的成员；（2）适应日常的操作程序，应对工作
早期职业的正式成员资格（17—30岁）	取得组织新的正式成员资格	（1）承担责任，成功地履行与第一次工作分配有关的任务；（2）发展和展示自己的技能和专长，为提升或查看其他领域的横向职业成长打基础；（3）根据自身才干和价值观，根据组织中的机会和约束，重估当初追求的职业，决定是否留在这个组织或职业中，或者在自己的需要、组织约束和机会之间寻找一种更好的配合

---

① 葛玉辉. 人力资源管理［M］. 北京：清华大学出版社，2006：281-282.

阶段	角色	主要任务
职业中期（25岁以上）	正式成员、任职者、终身成员等	（1）选定一项专业或进入管理部门；（2）保持技术竞争力，在自己选择的专业或管理领域内继续学习，力争成为一名专家或职业能手；（3）承担较大责任，确定自己的地位；（4）开发个人的长期职业计划
职业中期危险阶段（35—45岁）	正式成员、任职者、终身成员等	（1）现实地估价自己的进步、职业抱负及个人前途；（2）就接受现状或者争取看得见的前途做出具体选择；（3）建立与他人的良师关系
职业后期（40岁到退休）	骨干成员、管理者、有效贡献者等	（1）成为一名良师，学会发挥影响，指导、指挥别人，对他人承担责任；（2）扩大、发展、深化技能，或者提高才干，以担负更大范围、更重大的责任；（3）如果求安稳，就此停滞，则要接受和正视自己影响力和挑战能力的下降
衰退和离职阶段（40岁到退休）		（1）学会接受权力、责任、地位的下降；（2）基于竞争力和进取心下降，要学会接受和发展新的角色；（3）评估自己的职业生涯，准备退休
离开组织或职业——退休		（1）保持一种认同感，适应角色、生活方式和生活标准的急剧变化；（2）保持一种自我价值观，运用自己积累的经验和智慧，以各种资源角色对他人进行传帮带

　　需要指出的是，施恩虽然基本依照年龄增大顺序划分职业发展阶段，但并未囿于此，其阶段划分更多地根据职业状态、任务、职业行为的重要性。正如施恩教授划分职业周期阶段是依据职业状态和职业行为和发展过程的重要性，又因为每人经历某一职业阶段的年龄有别，所以，他只给出了大致的年龄跨度，并和职业阶段上所示的年龄有所交叉。

（二）格林豪斯职业生涯发展五阶段理论

美国心理学博士格林豪斯（Green House）研究人生不同年龄段职业发展所面临的主要任务，并以此为依据将职业生涯划分为五个阶段，[①] 如表 3-3 所示。

表 3-3　格林豪斯职业生涯发展五阶段理论

阶段	职业准备阶段（0—18岁）	进入组织阶段（18—25岁）	职业生涯初期（25—40岁）	职业生涯中期（40—55岁）	职业生涯后期（55岁至退休）
主要任务	发展职业想象力，对职业进行评估和选择，接受必需的职业教育	在一个理想的组织中获得一份工作，在获取足量信息的基础上，尽量选择一种合适的、较为满意的职业	学习职业技术，提高工作能力；了解和学习组织纪律和规范，逐步适应职业工作，适应和融入组织；为未来的职业成功做好准备	需要对早期职业生涯重新评估，强化或改变自己的职业理想；选定职业，努力工作，有所成就	继续保持已有职业成就，维护尊严，准备引退

（三）萨柏职业生涯发展形态理论

职业生涯是一个人长期的发展过程，在不同的发展阶段，个人有着不同的职业需求和人生追求。职业生涯发展阶段的划分是职业生涯规划研究的一个重要内容。对于具体阶段的划分，不同的专家学者有不同的观点，我们最常见的、也是应用得最广泛的，则是萨柏的生涯发展阶段理论。

生涯发展大师萨珀（Super）集差异心理学、发展心理学、职业社会学及人格发展理论之大成，通过长期的研究，系统地提出了有关职业生涯发展的观点。

---

① 葛玉辉. 人力资源管理 [M]. 北京：清华大学出版社，2006：281.

1953 年，他根据自己"生涯发展形态研究"的结果，将人生职业生涯发展划分为成长、探索、建立、维持和衰退共五个阶段。见表 3-4。

表 3-4　萨柏的生涯发展阶段理论

阶段	主要任务	包含时期
成长阶段（0—14岁），属于认知阶段	在这个阶段，孩童开始发展自我概念，学会以各种不同的方式来表达自己的需要，且经过对现实世界的不断尝试，修饰他自己的角色。这个阶段发展的任务是：发展自我形象，发展对工作世界的正确态度，并了解工作的意义	幻想期（4—10 岁），它以"需要"为主要考虑因素，在这个时期幻想中的角色扮演很重要； 兴趣期（11—12 岁），它以"喜好"为主要考虑因素，喜好是个体抱负与活动的主要决定因素； 能力期（13—14 岁）：它以"能力"为主要考虑因素，能力逐渐具有重要作用
探索阶段（14—25岁）属于学习打基础的阶段	该阶段的青少年，通过学校的活动、社团休闲活动、打零工等机会，对自我能力及角色、职业做了一番探索，因此选择职业时有较大弹性。这个阶段发展的任务是：使职业偏好逐渐具体化、特定化并实现职业偏好	试探期（15—17 岁），考虑需要、兴趣、能力及机会，做暂时的决定，并在幻想、讨论、课业及工作中加以尝试； 过渡期（18—21 岁），进入就业市场或专业训练，更重视现实，并力图实现自我观念，将一般性的选择转为特定的选择； 试验承诺期（22—24 岁），生涯初步确定并试验其成为长期职业生活的可能性，若不适合则可能再经历上述各时期以确定方向
建立阶段（25—44岁）建立阶段属于选择、安置阶段	由于经过上一阶段的尝试，不合适者会谋求变迁或做其他探索，因此该阶段较能确定在整个事业生涯中属于自己的职位，并在 31 岁至 40 岁，开始考虑如何保住该职位并固定下来。这个阶段发展的任务是统整、稳固并求上进。这个阶段细分又可包括两个时期	尝试期（25—30 岁），个体寻求安定，也可能因生活或工作上若干变动而尚未感到满意； 稳定期（31—44 岁），个体致力于工作上的稳固，大部分人处于最具创意时期，由于资深往往业绩优良

续表

阶段	主要任务	包含时期
维持阶段（45—65岁）维持阶段属于升迁和专精阶段	个体仍希望继续维持属于他的工作职位，同时会面对新的人员的挑战。这一阶段发展的任务是维持既有成就与地位	
衰退阶段（65岁以上）衰退阶段属于退休阶段	由于生理及心理机能日渐衰退，个体不得不面对现实从积极参与到引退。这一阶段往往注重发展新的角色，寻求不同方式以替代和满足需求	

（四）金斯伯格的职业生涯发展理论

美国职业指导专家、职业生涯发展理论的先驱和典型代表人物金斯伯格（Eli Ginzberg）研究的重点是从童年到青少年阶段的职业心理发展过程。他将职业生涯的发展分为幻想期、尝试期和现实期三个阶段。见表3-5。

表3-5　金斯伯格的三个阶段

阶段	主要任务
幻想期：处于11岁之前的儿童时期	儿童们对大千世界，特别是对于他们所看到或接触到的各类职业工作者，充满了新奇、好玩的感觉。此时期职业需求的特点是：单纯凭自己的兴趣爱好，不考虑自身的条件、能力水平和社会需要与机遇，完全处于幻想之中

阶段	主要任务
尝试期：11—17 岁	这是由少年儿童向青年过渡的时期。此时起，人的心理和生理在迅速成长、发育和变化，有独立的意识，价值观念开始形成，知识和能力显著增长和增强，初步懂得社会生产和生活的经验。在职业需求上呈现出的特点是：有职业兴趣，但不仅限于此，更多地和客观地审视自身各方面的条件和能力；开始注意职业角色的社会地位、社会意义，以及社会对该职业的需要
现实期：17 岁以后的青年年龄段	即将步入社会劳动，能够客观地把自己的职业愿望或要求同自己的主观条件、能力，以及社会现实的职业需要紧密联系和协调起来，寻找适合自己的职业角色。此期所希求的职业不再模糊不清，已有的、具体的、现实的职业目标，表现出的最大特点是客观性、现实性、讲求实际

三、职业选择理论

（一）霍兰德职业兴趣理论

约翰·霍兰德（John Holland）是美国约翰·霍普金斯大学心理学教授，美国职业指导专家。他于 1959 年提出了具有广泛社会影响的职业兴趣理论。认为人的人格类型、兴趣与职业密切相关，兴趣是人们活动的巨大动力，凡是具有职业兴趣的职业，都可以提高人们的积极性，促使人们积极地、愉快地从事该职业，并且职业兴趣与人格之间存在很高的相关性。他认为人格可分为社会型、常规型、现实型、研究型、企业型、艺术型六种类型。① 见表 3-6。

① 王知桂. 人力资源管理［M］. 厦门：厦门大学出版社，2014.

表 3-6 约翰·霍兰德六种人格类型与相应的职业

人格类型	人格特点	职业兴趣	典型职业
社会型	富有合作精神的、友好的、和善的、肯帮助人的、爱社交的、易了解的	喜欢要求与人打交道的工作，能够不断结交新的朋友，从事提供信息、启迪、帮助、培训、开发或治疗等事务，并具备相应能力	教育工作者（教师、教育行政人员），社会工作者（咨询人员、公关人员）
常规型	谨慎的、有效的、缺乏灵活性、服从的、守秩序的、能自我控制的	喜欢要求注意细节、精确度，有系统有条理，具有记录、归档、据特定要求或程序组织数据和文字信息的职业，并具备相应能力	秘书、办公室人员、记事员、会计、行政助理、图书馆管理员、出纳员、打字员、投资分析员
现实型	真诚坦率、重视现实、讲求实际、有坚持性、实践性、稳定性	喜欢使用工具、机器，需要基本操作技能的工作。对要求具备机械方面才能、体力或从事与物件、机器、工具、运动器材、植物、动物相关的职业有兴趣，并具备相应能力	技术性职业（计算机硬件人员、摄影师、制图员、机械装配工），技能性职业（木匠、厨师、技工、修理工、农民、一般劳动）

人格类型	人格特点	职业兴趣	典型职业
研究型	分析性、批判性、好奇心、理想的、内向的、有推理能力的	喜欢智力的、抽象的、分析的、独立的定向任务，要求具备智力或分析才能，并将其用于观察、估测、衡量、形成理论、最终解决问题的工作，并具备相应的能力	科学研究人员、教师、工程师、电脑编程人员、医生、系统分析员
企业型	喜欢冒险的、有雄心壮志的、精神饱满的、乐观的、自信的、健谈的	喜欢要求具备经营、管理、劝服、监督和领导才能，以实现机构、政治、社会及经济目标的工作，并具备相应的能力	项目经理、销售人员、营销管理人员、政府官员、企业领导、法官、律师
艺术型	感情丰富的、理想主义的、富有想象力的、易冲动的、有主见的、自觉的、情绪性的	喜欢的工作要求具备艺术修养、创造力、表达能力和直觉，并将其用于语言、行为、声音、颜色和形式的审美、思索和感受，具备相应的能力；不善于事务性工作	艺术方面（演员、导演、艺术设计师、雕刻家、建筑师、摄影家、广告制作人）、音乐方面（歌唱家、作曲家、乐队指挥）、文学方面（小说家、诗人、剧作家）

然而，大多数人都并非只有一种性向。霍兰德认为，这些性向越相似，相容性越强，则一个人在选择职业时所面临的内在冲突和犹豫就会越少。

（二）帕森斯的职业—人匹配理论

这是用于职业选择、职业指导的经典性理论，最早由美国波士顿大学教授帕森斯提出。1909 年，帕森斯在其《选择一个职业》著述中，明确阐明职业选择的三大要素或条件：一是应清楚地了解自己的态度、能力、兴趣、智谋、局限和其他特征；二是应清楚地了解职业选择成功的条件、所需知识，在不同职业工作岗位上所占有的优势、不利和补偿、机会和前途；三是上述两个条件的平衡。

帕森斯的理论内涵即是在清楚认识、了解个人的主观条件和社会职业岗位需求条件基础上，将主客观条件与社会职业岗位（对自己有一定可能性的）相对照、相匹配，最后选择一个职业与个人匹配相当的职业。职业–人匹配分为两种类型。

1. 因素匹配

如所需专门技术和专业知识的职业与掌握该种特殊技能和专业知识的择业者相匹配；或者脏、累、苦劳动条件很差的职业，需要吃苦耐劳、体格健壮的劳动者与之匹配。

2. 特性匹配

如具有敏感、易动感情、不守常规、个性强、理想主义等人格特性的人，宜于从事审美性、自我情感表达的艺术创作类型的职业。

帕森斯的职业—人匹配这一经典性理论，至今仍然正确、有效，并影响着职业管理学、职业心理学的发展。

四、职业锚

（一）职业锚的内涵

职业锚，又称职业定位，由美国著名的职业指导专家埃德加·H. 施恩（Edgar. H. Schein）教授提出。职业锚是职业生涯规划时另一个必须考虑的要素。即当一个人面临职业选择时，最难以舍弃的选择因素，即他无论如何都不会放弃的东西或价值观。职业锚是人们在选择和发展自己的职业时所围绕的中心。施恩认为，职业设计是一个持续不断的探索过程，随着一个人对自己越来越了解，这个人就会越来越明显地形成一个占主要地位的"职业锚"。

职业锚对一个人的职业生涯发展有着十分重要的影响。但许多人并不是在选择工作之初就明晰自己的职业锚的。职业锚是一个人在实际的工作和生活中逐步形成的，是一个人在自我发展过程中根据自己的天资、能力、动机、需要、态度和价值观等相互作用和整合而慢慢形成的较为明晰的与职业有关的自我概念。施恩指出，要想对职业锚提前进行预测是很困难的，这是因为一个人的职业锚是在不断发生变化的，它实际上是一个不断探索过程所产生的动态结果。有些人也许一直都不知道自己的职业锚是什么，直到他们不得不做出某种重大选择的时候，比如到底是在公司继续干下去，还是辞职，转而创办自己的公司。正是在这一关口，一个人过去的所有工作经历、兴趣、资质、性向等才会集合成一个富有意义的模式（或职业锚），这个模式会告诉此人，对他来说，到底什么东西是最重要的。

（二）职业锚的类型

施恩教授在 1978 年提出了五种类型的职业锚，随后大量的学者对职业锚进行了广泛的研究，并在 20 世纪 90 年代将职业锚确定为八种类型。[①]

1. 技术/职能型职业锚

技术/职能型的人追求在技术/职能领域的成长和技能的不断提高，以及应用这种技术/职能的机会。他们对自己的认可来自他们的专业水平，他们喜欢面对专业领域的挑战。他们通常不喜欢从事一般的管理工作，因为这意味着他们不得不放弃在技术/职能领域的成就。

2. 管理型职业锚

管理型的人追求并致力于工作晋升，倾心于全面管理，独立负责一个部分，可以跨部门整合其他人的努力成果。他们想去承担整体的责任，并将公司的成功与否看成自己的工作。具体的技术/职能工作仅仅被看作是通向更高管理层的必经之路。

3. 自主/独立型职业锚

自主/独立型的人希望随心所欲安排自己的工作方式、工作习惯和生活方式。

---

① 王知桂. 人力资源管理 [M]. 厦门：厦门大学出版社，2014：198.

追求能施展个人能力的工作环境，最大限度地摆脱组织的限制和制约。他们宁愿放弃提升或工作发展机会，也不愿意放弃自由与独立。

4. 安全/稳定型职业锚

安全/稳定型的人追求工作中的安全与稳定感。他们因为能够预测到稳定的将来而感到放松。他们关心财务安全，例如：退休金和退休计划。稳定感包括诚实、忠诚以及完成老板交代的工作。尽管有时他们可以达到一个高的职位，但他们并不关心具体的职位和具体的工作内容。

5. 创业型职业锚

创业型的人希望用自己能力去创建属于自己的公司或创建完全属于自己的产品（或服务），而且愿意去冒风险，并克服面临的障碍。他们想向世界证明公司是他们靠自己的努力创建的。他们可能正在别人的公司工作，但同时他们在学习并寻找机会。一旦时机成熟了，他们便会走出去创立自己的事业。

6. 服务型职业锚

服务型的人一直追求他们认可的核心价值，例如帮助他人，改善人们的安全状况，通过新的产品消除疾病等。他们一直追寻这种机会，这意味着即使变换公司，他们也不会接受不允许他们实现这种价值的变动或工作提升。

7. 挑战型职业锚

挑战型的人喜欢解决看上去无法解决的问题，战胜实力强硬的对手，克服无法克服的困难障碍等。对他们而言，参加工作的原因是工作允许他们去战胜各种不可能。他们需要新奇、变化和困难，如果事情非常容易，它马上会变得非常令人厌烦。

8. 生活型职业锚

生活型的人希望将生活的各个主要方面整合为一个整体，喜欢平衡个人的、家庭的和职业的需要，因此，生活型的人需要一个能够提供"足够弹性"的工作环境来实现这一目标。生活型的人甚至可以牺牲职业的一些方面，例如放弃职位的提升，以换取三者的平衡。他们将成功定义得比职业成功更广泛。相对于具体的工作环境、工作内容生活型的人更关注自己如何生活、在哪里居住、如何处理家庭事业及怎样自我提升等。

职业锚理论是一种能够实现个人价值与组织目标有机统一的有效管理方式，能够同时关注个人与组织的职业发展。对于个人而言，职业锚清楚地反映了个人的职业追求与抱负，是个人进行职业选择的依据。对于组织而言，通过对员工职业锚的认定，可以获得个人正确信息的反馈。根据这些反馈，组织可以有针对性地进行职业管理。一方面可以实现组织内部人力资源的最佳配置，最大限度地激发员工的才能；另一方面通过有效的职业管理使员工的个人职业需求得到满足，这样有利于组织与个人双方的接纳。

五、员工职业规划与发展的管理

（一）员工职业生涯规划的价值

员工职业生涯规划通过对决定一个人职业生涯的主客观因素进行分析、总结、测定及研究，结合时代特点，根据自己的职业倾向，确定其最佳的职业奋斗目标，然后围绕这个目标，编制相应的工作、教育和培训的行动计划，对每一步骤的时间、顺序和方向制定出基本措施，高效行动，灵活调整，使自己的事业得到顺利发展，并获取最大限度的事业成功的系列过程。

在人力资源管理中，员工职业生涯规划是个人发展与企业发展相结合，企业如何最大限度利用员工的能力，并且为每一位员工提供一个不断成长、挖掘个人潜能和建立职业成功的机会，实现企业和员工"双赢"，关系到企业的可持续发展。因此，组织协调员工做好职业生涯规划非常重要。

1. 能够提高人力资源利用效率

企业的长久发展必须依托相应的人力资源梯队，在一定时期内，通过内部员工提升外部招聘等多种手段会在企业内部形成一定的人力资本存量。这种存量在组织内部的存在是否合理直接决定组织内人力资源的利用效率。这需要对人力资本的存量进行规划，形成一个"职位升降资格图"，降低和减少个人职业生涯规划与企业职业生涯规划相违背的情况发生，避免给企业带来损失。同时优化企业人力资源配置，保证企业未来人才需求和企业的可持续发展，避免企业人才断档和后继无人的情况出现。

2. 能够帮助员工实现自我价值

做好员工职业生涯规划，可以促进员工分析自我，以既有的成就为基础，确立人生的方向，可以评估个人目标和现状的差距，提供了前进的动力与奋斗的策略。加上企业对员工的系统潜能评价、辅导、咨询、规划和培训等为他们提供了更大的发展空间，便于员工在理解企业人力战略的情况下结合自身特点提高自身素质，会把自身利益与企业发展更紧密结合起来，岗位的适应性也能大大提升一个人的满意度，增强职业竞争力，发现新的职业机遇。通过规划，员工对自己未来发展趋向和潜力的关注，会超过对目前薪酬的关注程度，更有利于稳定员工队伍，增加员工满意度，留住现有优秀人才，吸引外来优秀人才加入，使员工的流动性降低，从而为企业的发展带来无限希望。

3. 能够促使企业与员工实现"双赢"

职业生涯规划的目的就是通过企业和个人的努力，使企业目标与个人目标渐趋一致，企业获得长足的人力资本，以顺利实现企业目标。一方面，职业生涯规划增强员工对职业环境的把握能力和对职业困境的控制能力，摒弃职务不提升即职业不成功的旧观念，有利于提高员工自我定位的准确性，在企业提供的工作舞台上更好地发挥自己的最佳才智与能力，实现自我价值。另一方面，企业可以根据员工职业生涯规划，结合企业发展需求，有针对性地培养人才，把培训、管理等资源与手段聚焦在所需的岗位人才上，实现资源的合理配置，帮助人才尽快成长，提高人才培养的针对性，尽可能地为每个员工提供可充分展现自己才能的工作平台，积累充分的人才资源库，冲破企业发展与人才稀缺的瓶颈，合理、有效地利用人力资源，促进企业可持续发展。

(二) 员工职业生涯的发展阶段

员工职业生涯的发展是一个连续、长期的发展过程。员工职业生涯阶段有多种划分方式，一般而言，最常见的是分为四个发展阶段，即职业预备期、职业初期、职业中期和职业后期，不同的阶段对员工的知识水平、职业偏好、工作任务等有不同的影响和要求。

1. 职业生涯预备期

主要包括 16—25 岁的青年。这一阶段，个人将接触与分析相关职业信息，试图把自己兴趣、理想、能力与职业选择匹配起来。个人将会尝试较为宽广的职业选择，并会随着自我对职业的深入了解而重新认识最初的选择。经过此阶段，个人已经有了择业的目的与意向，并为就业做好了良好的准备。

2. 职业生涯初期

主要包括 18—35 岁年龄段的员工。这一阶段的主要特点是适应与调整。这一时期，个人正式做出职业选择，成为组织的成员，并且使自己逐步适应职业的要求。某些难以使自己与职业相适应的人要进行调整并重新选择职业。

3. 职业生涯中期

主要包括 25—55 岁年龄段的员工，他们已完成了与职业适应与调整工作，成为组织较稳定的成员。在职业中期，他们主要面临以下两个发展的问题：一是如何充分利用自己的专业技能，并更新这些专业技能，保持职业的竞争优势；二是如何确定自己进一步发展的生长点，并谋求新的发展。这一时期，员工会出现纵向提升、横向流动等情况，成为某一方面的熟练员工，从而为企业做出的贡献最大。

4. 职业生涯后期

这一阶段，员工经验丰富，但体力与精力不断下降，处于职业生涯下降的阶段。他们接受权力和责任减少的现实，学会接受一种新角色，学会成为年轻人的良师益友。最后，他们将面临退休、结束职业生涯，开始享受退休后的愉快生活。

（三）员工职业发展的路径

职业发展路径是企业为员工实现其职业生涯规划指明方向并给出实施计划的具体方法，主要包括横向职业发展路径、纵向职业发展路径、双重职业发展路径、网状职业发展路径四个。

1. 横向职业发展路径

横向职业发展路径是指员工跨职能边界的工作变换。例如员工从销售部门到生产部门的转变。这种模式采取工作轮换的方式，通过横向调动来使工作具有多样性，使员工焕发新的活力、迎接新的挑战。虽然没有加薪或晋升，但员工可以增加自己对组织的价值，也使他们自己获得了新生。

横向调动不一定提升级别，也不一定改变待遇，但是员工还要花费更多的时间与精力去适应新的岗位，因而有些员工对此途径缺少兴趣。

2. 纵向职业发展路径

纵向职业发展路径指员工按等级或层次逐步向上发展。例如从部门经理到总经理。纵向职业发展途径的具体表现为职务的提升和待遇的提高。其最大的优点是职业途径的清晰性，员工知道自己向前发展的特定程序。缺点是，随着现代企业组织结构趋向扁平化，职业等级减少，使员工走该发展路径的可能性也相对减少。

3. 双重职业发展路径

双重职业发展路径指企业根据员工实际情况，为员工设计一种平行的职业路径，一个是管理类，另一个是技术类。管理生涯路径——沿着这条道路可以通达高级管理职位；专业生涯路径——沿着这条道路可以通达高级技术职位。在双重职业发展途径中，两个通道同一等级的管理人员和技术人员在地位上是平等的。因此能够保证组织既聘请到具有高技能的管理者，又雇用到具有高技能的专业技术人员。它适合在拥有较多的专业技术人才和管理人才的企业中采用。

4. 网状职业发展路径

网状职业发展路径指综合横向和纵向的一系列工作职务发展，它承认在某些层次的经验的可替换性，以及晋升到较高层次之前需要拓宽本层次的经历。例如某技术公司为员工设计的职业发展路径是：技术人员—技术带头人—技术管理人员。这种模式为员工提供了更多的职业发展机会，也便于员工找到与自己兴趣相符、真正适合自己的工作，实现自己的职业目标；同时增加了组织效益。网状职业路径减少了员工职业发展障碍。

六、员工职业生涯设计与管理

（一）员工职业生涯设计概述

1. 员工职业生涯设计原则

（1）实事求是。为了对员工的职业生涯发展状况和组织的职业生涯规划与管理工作状况有正确的了解，要由组织、员工个人、上级管理者、家庭成员以及社会有关方面对职业生涯进行实事求是的全面评价。

（2）利益整合。利益整合是指员工利益与企业利益的整合。没有企业的支持和帮助，员工很难实现自己的职业目标。因此，个体必须认可企业的目的和价值观，并把他的价值观、知识和努力集中于组织的需要和机会上。

（3）切实可行。一方面，员工的职业目标一定要同自己的知识、技能、个性和工作适应性符合；另一方面，员工的职业目标和职业途径的确定，要充分考虑客观环境和条件的限制。

（4）协作进行。各项活动，都要由企业与员工双方共同制定、共同实施、共同参与完成。如果缺乏沟通，就可能造成双方的不理解、不配合以致造成风险，因此必须在职业生涯开发管理战略开始前和进行中，建立相互信任的上下级关系。建立互信关系的最有效方法就是始终共同参与、共同制订、共同实施职业生涯规划。

2. 员工职业生涯设计方法

员工职业生涯设计的方法主要有自我设计法、上级主管辅助法和专家咨询法。

（1）自我设计法

指员工根据所有相关信息、知识来设计自己的职业生涯。优点是简单便捷，缺点是由于员工对自己与企业的认知度有限，导致可规划性差。

（2）上级主管辅助法

指员工在自己直接主管的指导和帮助下进行生涯规划。优点是上级主管对员工的优劣势及企业的需求有较清晰的认识，能帮助员工做出客观评价；缺点是上级主管可能缺少职业生涯设计的专业知识和技能。

（3）专家咨询法

指员工在职业生涯咨询专家的指导下进行职业生涯规划。这是目前较为流行的一种方法。专家可以来自企业内部，也可以来自企业外部。由于专家的专业性和权威性，能够帮助员工将个人发展与企业发展相匹配，受到了员工的信赖和欢迎。

3. 员工职业生涯设计步骤

职业生涯设计主要包括以下七个步骤。

（1）进行员工评价

员工评价主要包括员工自我评价、家庭评价、企业评价、社会评价，见表3-7。

表3-7　员工评价内容

方式	评价者	评价内容	评价标准
自我评价	本人	1. 自己的才能是否充分施展 2. 对自己在企业发展、社会进步中所做的贡献是否满意 3. 对自己的职称、职务、工资待遇等方面的变化是否满意 4. 对处理职业生涯发展与其他人生活动的关系的结果是否满意	根据个人的价值观念及个人的知识、水平、能力
家庭评价	父母、配偶、子女等家庭成员	1. 是否能够理解和肯定 2. 是否能够给予支持和帮助	根据家庭文化
企业评价	上级、平级、下级	1. 是否有下级、平级同事的赞赏 2. 是否有上级的肯定和表彰 3. 是否有职称、职务的晋升或相同职务责权利范围的扩大 4. 是否有工资待遇的提高	根据企业文化及其总体经营结果
社会评价	社会舆论社会组织	1. 是否有社会舆论的支持和好评 2. 是否有社会组织的承认和奖励	根据社会文化

（2）职业发展机会评估

职业发展机会评估主要是评估各种环境对自己职业发展的影响，应分析环境的发展变化、环境的特点以及个人与环境的关系等。只有充分了解和认识了环境因素，才能做到在复杂多变的环境中趋利避害，设计出切实可行、有实际意义的职业计划。

友伴条件：朋友要多量化、多样化，且有能力。

行业条件：注意社会当前及未来需要的行业。

企业条件：公司是否有改革计划，公司需要什么人才。

地区条件：视行业和企业而定。

社会：注意政治、法律、经济、社会与文化、教育等条件，该社会的特性及潜在的市场条件。

（3）选择与匹配职业

在选择职业时，员工要认真考虑个人与职业的匹配，主要表现在性格、知识技能、兴趣、价值观及个人需求与职业的匹配。

（4）制定职业生涯目标

设定职业生涯目标是职业生涯规划的核心步骤，包括经济、职务、能力和价值目标等。从时间来看，可以分为短期、中期和长期目标，短期一般为1~2年，中期一般为3~5年，长期一般为5~10年。

（5）选择职业生涯发展路径

职业生涯发展途径的选择不同，对职业发展的要求也不同。因此，在职业生涯规划时，员工要做出抉择，以便为自己的学习、工作和各种行动措施指明方向，使职业沿着预定的途径发展。

（6）制订并实施行动计划

具体措施包括工作、培训、教育、轮岗等。员工在采取行动时应尽可能地获得组织的理解和支持，例如员工要优先培养企业需要的知识和技能以提高个人绩效，这样可以提高行动的成效。

（7）评估与调整

在现实社会中，影响员工职业生涯规划的因素总是在不断变化。因此，要使职业规划行之有效，就必须不断地对其进行评估和调整。调整的主要内容包括职业的重新选择、职业生涯路径的改变、职业目标的修正等。

（二）进行职业生涯管理

员工职业生涯管理是现代企业人力资源管理的重要内容之一，是企业帮助员工制订职业生涯规划和帮助其职业生涯发展的一系列活动，是竭力满足管理者、员工、企业三者需要的一个动态过程。员工追求好的职业和个人发展，需要依靠企业来实现，企业追求企业利益和目标，需要依靠员工来实现企业的成长与发展。

1. 员工职业生涯理念上的变化

知识经济的变化将会带来员工职业生涯理念的变化，主要表现在以下五方面。

（1）职业成功标准。传统的标准是沿着金字塔的组织结构向上爬，而新的标准注重自我成就感。

（2）雇佣心理契约。传统的职业生涯是以工作安全感为主的心理契约，而现在以增加员工的受雇能力为基础。

（3）职业生涯运动模式。传统的职业生涯运动以垂直运动为主，而在企业结构扁平化的趋势下，新的运动模式以水平运动为主。

（4）学习内容和学习方式。传统的职业生涯中员工"知道怎么做"至关重要，但是如今的消费者导向要求员工不仅"知道怎么做"，更重要的是能够"学习怎么做"。

（5）职业生涯管理主体。职业生涯发展主要由个人管理而非由企业管理。出于对企业能否长期提供工作岗位的忧虑，员工必须考虑自己的职业前景。

2. 员工职业生涯过程中的角色

一个有效的员工职业生涯管理体系是员工个人发展目标与企业需求相互匹配的过程，它的规划与实施需要员工、经理和人力资源部门的共同参与。员工本人是职业发展主角和驱动者，经理人员为教练和顾问的双重角色。在员工职业生涯早期阶段，经理要了解员工的职业现状及业绩水平，帮助分析员工的职业需求、能力和不足，并为员工的职业发展提供机会；同时经理还要承担起职业发展顾问的职责，为员工的职业目标选择、职业发展路径提供建议。人力资源管理部门应成为员工职业生涯管理的推动者，不仅要为员工的职业生涯发展提供各种信息和专业化的咨询服务，还要为员工的职业发展提供培训与开发机会，并努力将职业生涯管理与员工绩效管理、薪酬管理等人力资源管理活动结合起来，制定协调一致的人力资源政策，保证员工职业生涯管理能得到真正实施。

3. 员工职业生涯发展与企业发展相匹配

员工职业生涯管理包括以下两方面：一是员工个人根据一生中不同时期的特点，安排好自己在不同时期所要达到的职业目标和奋斗方式，做出个人职业发展规划；二是企业要根据企业的总体发展规划和员工的不同特点，将员工的发展与企业结合起来，为员工的发展提供条件和机会，并据此做出企业的具体人力资源规划。

美国麻省理工学院（MIT）斯隆管理学院教授、职业生涯管理学家施恩（E. H. Schein），提出了组织发展与员工职业发展的匹配模型。[①] 在匹配模型中，施恩强调组织与员工个人间应该积极互动，最终实现双方利益的双赢——组织目标的实现及员工的职业发展与成功。员工个人的职业生涯发展与企业人力资源开发及匹配是通过企业人力资源管理体系来完成的。员工个人职业发展各阶段计划以及企业人力资源开发的各项具体计划，将通过人力资源管理的各项具体工作整合匹配。企业在整个的员工职业生涯发展过程中，将通过新员工入职培训完成新员工的"社会化"过程，并通过针对性的培训、全面的绩效管理、工作轮换及工作重新设计等有关的人力资源管理活动，帮助员工提升职业技能，把握职业发展机会。在整个的企业发展与员工职业生涯发展的互动过程中，员工的职业生涯发展应该首先服从并匹配于企业的发展，员工职业生涯发展与企业发展的匹配与协调，是员工职业生涯成功发展的关键。

---

① 王知桂. 人力资源管理 [M]. 厦门：厦门大学出版社，2014：208.

第四章 绩效管理与员工激励的思考

第一节 绩效管理概述

一、绩效的内涵与特征

（一）绩效的内涵

"绩效"（Performance）一词源于西方，原意是指表现和成绩。从人力资源管理的历史来看，学者们对于绩效的认识经历了一个从结果到行为的发展过程。

绩效就是工作结果。如绩效研究领域的著名学者伯纳丁（Bernardin）认为，绩效就是"在特定时间范围，在特定工作职能、活动或行为上产生的结果记录"。之所以这样定义，是因为这些工作结果与组织的战略目标、顾客满意度以及所投入资金的关系最为密切。

工作结果在很大程度上会受到系统因素的影响。如果把绩效定义为个人不可控因素导致的结果，将不利于激励员工。

随着现代人力资源管理实践的发展，越来越多的管理者和实践者开始认识到，绩效是一个多维的概念，不仅包括行为，而且包括结果。

（二）绩效的特征分析

一般来说，绩效具有多因性、多维性和动态性三大特征。

1. 多因性

绩效的多因性是指绩效的优劣不是由单一因素决定的，而是由主观、客观多重因素共同决定的。用公式表示为：$P = f(M, A, E)$，即，绩效（P）是动机（Motivation）、能力（Ability）和环境（Environment）的函数。

2. 多维性

绩效的多维性是指绩效往往体现在多个方面，需要从多维度去分析和评估。例如员工的绩效不仅是通过工作完成数量、质量、出勤、纪律等反映出来，还要对其能力和态度等进行评估。

3. 动态性

绩效的动态性是指绩效作为一段时间内工作效果的反映，随着时间和环境而变化，是可以激励和改进的。因此，管理者应根据实际情况对绩效管理活动进行调整。

二、绩效管理的内涵与价值

（一）绩效管理的内涵

绩效管理是指组织的管理者将企业的战略和目标、管理者的职责、员工的工作绩效目标、管理者与员工的伙伴关系等传递给员工，并在持续不断沟通的过程中，帮助员工消除工作过程中的障碍，提供必要的支持、指导，与员工一起完成的绩效目标，从而实现组织的战略目标。它是管理者和员工共同参与、持续沟通的一个过程。

（二）绩效管理的价值

绩效管理在现代组织中扮演着至关重要的角色，其价值体现在多个方面。

第一，绩效管理对改善组织的绩效具有显著作用。通过设定明确的绩效目标和标准，组织能够更精确地衡量各部门和员工的工作成果，进而找出存在的问题和瓶颈。在此基础上，组织可以有针对性地制定改进措施，优化工作流程，提升整体绩效水平。

第二，绩效管理有助于组织真正了解自己。通过绩效评估和反馈，组织能够更全面地了解自身的运营状况、员工能力和发展需求。这种自我认知有助于组织更准确地定位自身在市场中的位置，制定更合适的发展战略，从而提升竞争力。

第三，绩效管理对于保证员工行为与组织目标的一致性至关重要。通过设定与组织目标紧密相关的绩效指标，组织能够引导员工将个人努力与组织目标相结合，形成合力。这不仅有助于提升员工的工作效率和积极性，还能确保组织目标的实现。

第四，绩效管理在提高员工的工作满意度方面也具有重要作用。通过公正、透明的绩效评估体系，员工能够清晰地看到自己的工作成果和进步，从而获得成就感。同时，绩效反馈也为员工提供了改进和提升的方向，有助于增强员工的自我发展意识和动力。

第五，绩效管理还有助于优化和协调人力资源管理的其他职能活动。例如在招聘环节，通过参考绩效标准，组织能够更准确地选拔符合要求的候选人；在培训环节，针对员工的绩效短板制订培训计划，能够提升培训效果；在薪酬和晋升方面，依据绩效评估结果进行合理调整，能够增强对员工的激励效果。

三、绩效管理的特征

（一）系统性与目标性

绩效管理强调对绩效的系统管理，涵盖组织和员工两个层面，将员工绩效管理与组织绩效融为一体，因而不是单纯的一个步骤或一个方面；同时，绩效管理是一种管理手段或方法，涵盖和体现了管理的所有职能，即计划、组织、指导、协调、控制。因此，必须系统地看待绩效管理。

目标管理的一个最大的好处就是可以让员工明白自己努力的方向，让管理者明确如何更好地通过员工的目标对员工进行有效管理，并提供支持和帮助。

（二）强调沟通和过程

沟通在绩效管理中起着决定性的作用。制定绩效指标要沟通，帮助员工实现目标要沟通，年终评估要沟通，分析原因寻求进步要沟通。总之，绩效管理的过程就是员工和管理者持续不断沟通的过程。离开了沟通，企业的绩效管理将流于形式。

绩效管理不仅强调工作结果，而且更重视实现目标的过程。换言之，绩效管理是一个循环过程，在这个过程中不仅关注结果，更强调目标、辅导、评价和反馈。

四、绩效管理应遵循的原则

为了实现绩效管理目标，企业在开展绩效管理时应遵循如下原则。

（一）可操作性

绩效管理所引入的工具如平衡计分卡、360 度考核、关键绩效指标等，都要充分考虑可操作性。绩效管理的根本就是执行战略，应在绩效管理的过程中，明确绩效管理目标及其操作流程，保证各层次员工能够广泛参与。

（二）双向沟通

绩效管理就是沟通，管理者在制订计划时需要组织员工参与，达成共识、形成承诺；在进行评估时需要就绩效进行讨论，形成评估结果。通过有效的绩效互动沟通，管理者可以把工作内容、目标及工作价值观传递给员工，双方达成共识，有利于实现组织目标。

（三）具有文化导向

一个能促进公司发展的良好的绩效管理制度应充分体现企业目标和文化。绩效管理要评价和肯定员工所创造的价值，这种价值评价要能在公司的价值创造体系上发挥引导与激励作用。

（四）目标分解

绩效管理要以工作岗位分析和岗位实际调查为基础，以客观准确的数据资料为前提，制定出全面具体、切合实际，并且与公司的战略发展目标相一致的考评指标与考评体系。员工越清楚其任务和目标，绩效管理的效果也就越好。

（五）完成任务

绩效管理就是完成任务，不像绩效考评一样，告诉员工在实现目标的路上，已经到了什么位置，而是告诉员工如何改进以实现目标，并在其他方面做出改进。

五、绩效管理与绩效考评

（一）绩效考评的内涵

绩效考评，又称绩效评估，是依据既定的标准，通过一套正式的结构化制度和系统的方法来评定和测量员工对职务所规定职责的履行程序，以确定其工作成绩的一种管理方法。对组织而言，绩效是任务在数量、质量及效率等方面完成的情况，对员工个人而言，绩效则是上级和同事对自己工作状况的评价。

（二）绩效管理与绩效考评的辩证关系

1. 二者的联系

（1）绩效管理始于绩效考核

绩效考核有着悠久的历史，随着经济的发展、管理水平的进步，越来越多的管理者和研究者意识到绩效考核的局限与不足。传统的绩效评估是一个相对独立的系统，通常与组织中的其他背景因素相脱离，如组织目标和战略、组织文化、管理者的承诺和支持等。使用一种更加科学的方法代替绩效考核成为必然。在这样的背景和环境下，绩效管理应运而生。

（2）绩效管理是对绩效考核的改进与发展

与绩效考核相比，绩效管理是一个系统，具备管理的五项基本职能，具体包括绩效计划、绩效实施、绩效考核、绩效反馈与面谈以及绩效结果的应用。绩效考核工作在整个绩效管理流程中占据较为重要的位置。

2. 二者的区别

（1）对人性的假设不同

绩效考核的人性观是把人看作经济人，人的主要动机是经济的，即在成本一定的情况下追求个人利益的最大化或在利益一定的情况下追求个人成本的最小化。现代的人力资源管理崇尚"以人为本"的管理思想，作为人力资源管理的一个环节，绩效管理恰恰体现了这种思想，人不再是简单地被控制，更多的是被信任、授权和激励。

(2) 管理宽度不同

管理宽度是指管理环节的个数，用以评价管理程序的完整性。绩效管理是一个严密的管理体系，由五个环节组成，即管理宽度等于五。绩效考核仅仅是冰山一角，要使得绩效考核变得真正有效，任何一个环节都不应忽视，它与其他四个环节共同组成一个完整的管理链条。

(3) 管理目的不同

绩效考核的目的是从其作为绩效管理环节这一角度出发的，即是对照既定的标准、应用适当的方法来评定员工的绩效水平、判断员工的绩效等级，从而使绩效反馈与面谈具有针对性。与绩效考核相比，绩效管理的目的是从其作为人力资源管理环节的角度而谈的，它服务于其他环节，从而提升人力资源管理水平。

(4) 管理者扮演的角色不同

在绩效考核环节，管理者的角色是裁判员；在绩效管理过程中，管理者的身份是多重的，即"辅导+记录员+裁判员"。

六、绩效管理与人力资源管理中其他职能的联系

人力资源管理是一个有机的系统，这一系统中的各个环节相互作用、密切关联。其中，绩效管理处于这一系统的核心，它与人力资源管理其他环节的关系如下：

（一）绩效管理与人力资源规划

绩效管理可以为人力资源规划提供有效的信息，这主要体现在对人力资源的预测方面。通过绩效管理，组织能够对员工目前的知识和技能进行"盘点"，并以此为基础进行人力资源供给和需求的预测。

（二）绩效管理与工作分析

通过工作分析，组织确定某个职位的工作职责和绩效目标，并以此为依据制定对某一个职位的任职者进行评估的绩效标准。因此，工作分析是绩效管理的前

提和基础，为绩效管理提供了基本依据。

（三）绩效管理与招聘

二者相互影响，一方面，通过对员工的绩效进行评估，组织可以对不同招聘渠道的效果进行比较，从而优化招聘渠道，也可以对选拔的有效性进行检验；另一方面，如果招聘选拔的质量比较高，员工往往可以在工作中表现出良好的绩效，这样可以减轻绩效管理的负担。

（四）绩效管理与培训开发

二者是双向的，通过绩效评估，组织能够发现员工的不足，产生培训需求；同时，培训开发是改进员工绩效的一种重要方式，对绩效管理目标的实现可以起到积极的推动作用。

（五）绩效管理与薪酬管理

可以说，绩效管理与薪酬管理有着最为直接的关系，绩效是决定薪酬的一个重要因素。根据员工的绩效支付薪酬不仅体现了薪酬公平性，也极大地发挥了薪酬的激励作用。除此之外，绩效管理与组织的人员调配也紧密相关。组织调配人员的目的是达到人员与职位的最佳匹配，而通过科学的绩效评估不仅能够确定员工是否适合现任职位，而且可以发现他们真正适合的职位。

可见，绩效管理与人力资源管理的其他职能有着密切的关系，通过发挥绩效管理的纽带作用，人力资源管理的各个职能就可以有机地联系起来。所以，绩效管理处于人力资源管理的核心地位。

第二节　绩效管理的流程解读

绩效管理与组织的目标和决策紧密相关，绩效管理的内容即是一个完整的工作流程，包括多个环节，从工作流程角度来看，绩效管理的流程包括制订绩效计划、实施绩效计划、绩效考核与评估、绩效反馈、绩效结果与应用等环节。

一、制订绩效计划

绩效计划的制订，是绩效管理的第一个环节。绩效计划是在确认组织战略部署和团队目标的基础上，绩效评价者与被评价者（一般是指直接上级与其下属员工）就绩效周期的工作目标、评价标准和工作环境进行沟通，从而形成绩效契约的过程。具体来说，包括以下三个方面的内容。

（一）制订步骤

1. 明确组织战略方向

绩效管理必须与组织的战略目标相匹配，只有这样，才能真正发挥其效用。所以，在制订绩效计划时，要围绕组织战略目标进行，管理者必须与员工进行战略沟通，使个人行为与组织的战略目标相符，将组织的战略意图清晰地传递给员工，让员工在实际工作中能从全局出发考虑问题，朝共同的方向和目标努力。

2. 制定组织绩效目标

将根据组织战略方向制定出的组织绩效目标分解到各个部门，然后各部门再将目标分到每个员工；同时，在与员工充分沟通的基础上，根据组织绩效目标及员工所在岗位的不同，为每位员工的工作制定职位说明书，让员工对自己工作的流程与岗位职责有明确的认识，也即是管理者要帮助员工明确知道自己"需要做什么""如何做"以及"为什么"。

在确定绩效目标时有一个重要原则，即 SMART 原则。SMART 由五个英文单词的首写字母构成，其含义如下：

S（Specific），即目标应该是具体明确的。绩效目标是被期望的具体结果，而不是意图或希望。因此，绩效目标应该用容易理解的语言准确地描述要实现的目标——完成什么、什么时候和怎样完成。

M（Measureable），即目标应该根据数量或质量的标准进行量度和证实。只要有可能，目标就应该予以量化。量化的目标更便于衡量和操作，评估者与被评估者在结果的水平和这些结果怎样衡量上达成一致意见非常重要。

A（Attainable），即具有挑战性但可实现的。绩效目标是在过去绩效基础上的进步和提高，具有一定的难度，但经过努力可以达到，适当的绩效目标能取得更好的成果。

R（Realistic），即目标应该立足现实，与工作职责密切相关，而不是脱离现实凭空想象的。

T（Time-bound），即目标应该是有时间期限的。从目标设立到实现不是无期限地指向"未来"，而是需要明确时间。[1]

3. 确立绩效考核方式

绩效管理系统发挥效用的一个重要前提是要确定一套科学的绩效考核指标和标准。而且，要根据组织的绩效目标、员工的岗位职责及现有权利与条件，通过调查问卷、访谈、讨论等形式让员工充分参与到整个制定过程，清除和澄清对绩效管理错误和模糊的认识，切实提出自己的意见和建议，并从心理上真正认同自己参与制定的指标和标准，从而接受考核并且积极工作。在绩效考核指标与标准确立以后，应及时公布。

4. 考评者审核绩效计划

考评者要详细审核被考评者的绩效计划，要善于发现绩效计划的问题所在，分析被考评者为什么会把目标制定得太高或太低，并利用 SMART 原则来分析被考评者制订的计划和目标的有效性。

（二）绩效计划的主体

绩效计划既不是管理者给员工下达的任务书，也不是员工的请战书。科学的绩效计划通常是由人力资源管理专业人员、员工的直接上级与员工本人三方面共同协作完成。三者都是绩效计划的制订主体，肩负不同的职责，发挥不同的作用。

1. 人力资源管理人员

其职责是宣传组织战略与企业文化，组建绩效管理班子；制定绩效管理制

---

[1]　蔡东宏. 人力资源管理［M］. 西安：西安交通大学出版社，2014：145.

度，明确不同系列员工的绩效考核内容；开展以管理者为主的绩效计划培训，解决绩效计划中的问题。其作用是从制度和组织上保证绩效计划的实施；从方法和技能上促进绩效计划的有效达成；促成组织战略目标的实现。

2. 员工的直接上级

其职责是宣传组织战略和分解目标；分解部门或团队任务，引导并推动员工建立科学、合理的绩效目标，设定可行的绩效考核标准；与下属员工共同制订员工绩效计划。其作用是从等级权利和个人权威的角度促进科学合理的绩效计划的制订；提高员工参与绩效计划的积极性和责任心。

3. 员工本人

其职责是了解组织战略目标，并考虑如何实现组织战略目标；结合组织、部门或团队目标和个人实际情况确定个人绩效目标；拟订个人绩效计划，提出疑问，探讨措施。其作用是使绩效计划更具有操作性与可行性；员工的参与能极大地提高他们对绩效计划的认同感，从而增强计划的执行力。

二、实施绩效计划

确定绩效计划后，紧接着就是对绩效计划进行实施，管理者和员工要按照计划开展工作，协同前行，共同承担绩效目标的完成任务。绩效实施需要一个较长的时期，其间需要做两方面的事情。

（一）对绩效计划的实施过程进行监控

传统的绩效考核系统更注重结果，对绩效目标实现的过程缺乏有效的监控，而一个能持续促进组织高效运行的绩效管理系统，要能让组织目标和组织文化在系统中充分体现，还要对绩效计划的实施过程进行有效的监控，同时在实施过程中也要根据组织战略核心的调整和环境的变化对绩效计划进行及时的改变和更新。不过，该"监控"并非只注重过程而不注重结果，只是更多地强调沟通的重要性。绩效管理也强调目标管理，"目标+沟通"的绩效管理模式是行之有效的，并被广泛提倡与使用。该管理模式最大的优点就是让员工明白自己努力的方向。管理者明确如何更好地通过目标对员工进行有效管理，通过适时而具体的监控对员工提供真诚、持续的支持与帮助。只有组织的绩效目标明确了，员工的努力才会有方向，才会更加团结一致，共同致力于绩效目标的实现，共同提高绩效能力，更好地服务于组织的战略规划和远景规划。

（二）为绩效考核做好准备

在绩效计划的实施过程中，还要为下一步的绩效考核做三方面的工作。

一是将绩效考核的主体、程序、方法、考核结果与员工利益之间的关系等内容通过组织会议、小组讨论等方式与员工进行充分的交流与沟通，广泛听取员工的意见与建议，并使他们对自己所做的工作及整个考核心中有数。

二是要持续地进行绩效资料的收集与整理。收集绩效资料时要考虑以下几种因素：信息的来源是否准确可靠，信息的种类是否齐全，收集方法是否合适，收集所需的时间和费用是否合理，等等。一般来说，绩效资料的收集与整理可以通过与员工本人、员工的直接上下级、同事及管理或服务对象等进行联络，采取360度评分法，以尽量客观的方式收集员工的绩效资料，记录绩效表现，并尽量做到图表化、理性化和信息化。这样一来，就为下一步的绩效考核积累了极具说服力的、真实而具体的素材，避免拍脑袋的绩效考核，而且，对日常工作也是一种有用的推动。

三是沟通。绩效管理是管理者和员工一起提高绩效、获得绩效的互动过程。沟通贯穿绩效管理的始终，在绩效管理中起着决定性的作用。制订绩效计划要沟通，实施绩效计划、帮助员工实现目标更要沟通，并且要采取行之有效的沟通方法和技巧，持续不断地进行真诚、及时、具体而有建设性的沟通。

良好的互动沟通，能使员工正确理解绩效管理工作，在组织内部达到认识上的统一；能及早发现问题，及时解决问题，确保目标的完成；能提高员工对绩效考核结果的认可度；能增进管理者和员工之间的情感交流，同时也是一个素质提升的过程。所以，沟通能促使绩效计划获得良好的施行效果，是绩效管理有限性的关键。

三、绩效考核与评估

绩效考核是绩效管理的重要组成部分，甚至可以说是核心环节，主要是指，依据在绩效计划期间制定的绩效指标和标准与在绩效实施中所收集到的反映员工绩效表现的数据和事实，对组织和员工个人的绩效目标完成情况进行考核。

（一）绩效考核内容

考核内容包括组织的绩效和员工个人的绩效，绩效考核不应仅仅局限于业绩上，而应切实从多角度出发，做出综合评价。

例如，在考核员工个人的绩效时，就可以把考核的内容扩展到四个方面。

一是德，指员工的工作态度和职业道德。主要指标包括政治觉悟、敬业精神、遵纪守法、社会公德、职业道德及工作责任心等。

二是能，指员工从事工作的能力。具体指标包括体能、学识、职能、技能等。

三是勤，指员工的积极性和工作中的敬业精神。真正的勤不能简单地理解为出勤率高，更重要的是以强烈的责任感和事业心在工作中投入全部的体力和智力。主要指标包括工作积极性、工作创造性、工作主动性、工作纪律性及出勤率等。

四是绩，指员工的工作效率和效果。主要指标有完成工作的数量、质量、成本费用以及为组织做出的其他贡献，包括在岗位上取得的绩效以及在岗位之外取得的绩效。而且，只有将效率与效果结合起来，实现"低消费、高成就"才是最好的业绩。

（二）绩效考核方法

绩效考核主体应该根据不同的考核内容采取具有针对性的考核方法。

一是对德的考核方法。由于对德的考核难以量化且主观性较大，所以在考核时宜采用遵循"两头小，中间大"分布规律的"强制分布法"，且尽可能细分出具体的考核指标。

二是对能的考核方法。宜采用评价尺度法，即根据对组织的目标最为有利的一些指标及标准，对考核对象进行打分。且其具体操作还可结合目前应用较广的360度评分法进行，即从考核对象的上级、下级、同事、所在部门或小组，管理或服务对象及其本人收集绩效资料，最后给出各项考核的权重，汇总出每位员工最后的得分。

三是对勤的考核方法。宜采用关键事件法，即可借助在绩效实施阶段为每位员工准备的"绩效考核日记"或"绩效记录"进行，为考核结果积累一些关键的具体素材。

四是对绩的考核方法。由于业绩考核主要是对结果的认定，所以业绩考核最适宜采用目标管理法。

四、绩效反馈

绩效反馈是绩效管理过程中的一个重要环节。广义的绩效反馈是指在绩效管理的各个流程或环节，管理者定期或不定期地对员工绩效问题进行反馈，这个意义上的绩效反馈也可以称为绩效沟通。狭义的绩效反馈主要是指在绩效评价活动结束后，管理者针对具体的绩效结果向员工进行反馈。本书侧重狭义的绩效反馈。

（一）绩效反馈的价值

绩效反馈的价值主要体现在以下三方面。

一是通过绩效考核，可以对员工以往的绩效事实以及在取得绩效过程中表现出来的能力、态度和行为进行全面考核。但仅仅了解过去的结果并不是绩效管理最终的目的，帮助被考核者改进绩效，从而更好地实现组织整体目标才是真正的目的。

二是可以使员工切实了解自己的绩效，认识自己有待改进的方面，并且，也可以客观地提出对考核结果的意见，自己在完成绩效目标中遇到的困难及所期望得到的指导和帮助。

三是有助于向员工传递组织目标与期望。组织的目标要层层分解到具体工作职位上，需要通过管理者来传递给员工。因此，在绩效反馈过程中，在与员工讨论工作目标时，管理者可将组织目标与期望贯穿其中，让员工感受到明确具体的目标，有利于将其落到实处。

（二）绩效反馈的实施

1. 进行反馈前的准备

如果在反馈前能做好充分的准备（包括了解员工的基本情况，安排好反馈面谈的时间地点，以及大致程序等），就可以很好地驾驭整个反馈面谈过程。

（1）选择适宜的时间

选择主管和员工双方都有空闲的时间，尽量不选择下班的时间，而且要保证这段时间不受干扰。

（2）决定最优场所

单独一间的办公室是最理想的场所，要确定在面谈时没有电话也没有访客。这样面谈才能在容易控制气氛的情况下进行。除此之外，场所要舒适，并能使双方都觉得轻松。

（3）准备设备与面谈材料

桌椅的安排要使员工感到自在，同时还要有茶水供应。

面谈包括对员工的绩效进行考评的表格、员工的日常工作表现的记录等。在与员工进行绩效反馈面谈前，主管必须对有关的各种资料谙熟于胸，当需要的时候可以随时找到相关的内容。

（4）预估员工心理

预估员工心理，要求充分估计员工在面谈中可能表现出来的情绪和行为。

（5）设计面谈程序与技巧

计划的内容包括面谈的过程大致包括哪几部分，要谈哪些内容，这些内容的先后顺序如何安排，各个部分所花费的时间等。面谈技巧包括先谈员工的优点，再谈工作中需要改进的地方，或直接从考评表格入手，并且每次只讨论一项，没有获得同意前不进行下一项。

（6）通知面谈事宜

员工应有足够的时间来准备面谈，并且清楚地知道面谈的时间、地点、目的等。

2. 建立有效的激励与约束机制

通常，主要从以下三方面对员工进行激励与约束。

（1）薪酬调整

为了增强薪酬的激励与约束作用，应将员工的个人绩效与其报酬紧密联系在一起，在绩效基础上建立灵活的薪酬计划，即根据绩效考核结果进行适度的薪酬调整。而且，对于不同性质的工作，与绩效挂钩的报酬在员工薪酬体系中所占的比例也是不一样的。

（2）员工培训及发展计划

通过绩效考核，可以知道员工哪些地方做得好，哪些地方做得不好，可以了解到员工的能力状况和发展潜力，从而根据组织和员工当前的状况制订出有针对性的各种员工培训及发展计划，及根据员工有待开发的潜力制订需要在一定时期内完成的有关工作绩效和工作能力改进与提高的系统的计划。

（3）职位调整

通过绩效考核可以判断某位员工是否符合某职务和某岗位对其素质和能力的要求，或者发现某位员工的素质和能力正在发生的变化，以至于不再适应组织的要求，组织可以及时进行适当的调整和改变，最大限度地发挥员工的潜能，实现人适其岗，以保证整个组织的高绩效运行。

3. 不断完善绩效管理系统

为了适应当今瞬息万变的外界环境，组织的绩效管理系统也需要不断改革，以增强组织的灵活性和适应性。在绩效考核结束后，要根据考核结果对绩效管理的政策、方法、手段及其他细节进行全面诊断，提出修正的方案，便于进一步追踪和不断改进组织的绩效管理水平。

（三）绩效评估结果及其应用

绩效评估结果及应用是绩效管理循环期将结束的一个重要阶段。在此阶段，各个管理部门的主管与上级之间需要完成绩效考评的总结。在很多企业，绩效考评结果主要被当成奖金分配的手段。实际上，绩效考评的最终目的是促进企业与员工的共同提高和发展。良好的绩效结果运用可以促进绩效管理，促成更高的公司绩效。绩效结果不仅是为了绩效奖金分配，还可以运用于薪酬层级调整、激活沉淀、员工培训与职业发展、管理诊断等多个方面，它可以是促进员工提高积极性、提升能力和公司改善管理的有效手段。

绩效应用包括管理诊断、绩效奖金分配、薪酬调整、职位调整、淘汰制度、员工培训和指导员工职业发展七个方面。

1. 绩效评估结果在管理诊断中的应用

绩效管理的根本目的并不是将部门和员工分出高下，这只是面向过去的绩效评估方式，整个绩效管理体系的最终目的是面向将来的，更着重绩效的进一步提高。通过开展绩效评估找出对企业绩效起阻碍作用的因素，找出企业经营管理中存在的病因，从而找到根治企业病因的方法。

在绩效评估完成后，管理者要对影响绩效的原因进行分析，管理者需要找出可能妨碍被考核者实现各方面绩效目标的问题所在，即发现绩效差的征兆和原因，管理者可以运用绩效诊断箱对员工绩效进行诊断。

通过对绩效影响因素的分析，找出产生某些绩效与理想有差距的原因，是与员工有关，还是其他的因素，然后针对这些因素有计划地进行改进。对于员工自身原因造成绩效不理想的，一定要与员工进行有效的沟通与反馈，指出其不足，并帮助其制订绩效改进计划，并在下一阶段改进；若是其他方面的原因，大家集体努力一起改进。对于影响员工绩效的外部障碍，设法帮助员工排除，如果是公司管理体系与机制的问题，一定要通过管理诊断确认后进行管理体系改善。

2. 绩效评估结果在绩效奖金分配中的应用

绩效奖金是企业依据员工的绩效评估结果，确定奖金的发放标准并支付奖金的做法。一般来说，员工的薪酬包括两大部分：基本薪酬和绩效奖金。其中，绩效奖金一般与绩效结果挂钩，绩效奖金的类型有很多种，计算方法通常也比较简单，常用的公式如下：

员工实际得到的奖金＝绩效奖金标准×绩效系数

绩效系数由员工的绩效评估结果决定，绩效奖金和绩效加薪的不同之处在于企业支付给员工的绩效奖金不会自动累计到员工的基本工资之中，员工如果想再次获得同样的奖励，就必须像以前那样努力工作以获得较高的评价分数。绩效奖金制度和企业的绩效考核周期密切相关，所以，这种制度在奖励员工方面有一定的限制，缺乏灵活性，当企业需要对那些在某方面特别优秀的员工进行奖励时，特殊绩效奖金认可计划可能是一种很好的选择。

3. 绩效评估结果在薪酬调整中的应用

薪酬调整，这一重要的管理手段，其核心理念在于将员工的基本薪酬级别与其绩效评估等级紧密结合。这种绩效激励计划不仅体现了公平性，更激发了员工的工作动力。在实际操作中，当员工在年度或季度绩效评估中获得较高的评级时，他们的基本薪酬也会相应地得到提升。这种机制鼓励员工追求卓越的工作表现，因为他们的努力会直接影响到自己的薪酬待遇。反之，如果绩效评估结果不佳，薪酬则可能保持不变或进行调整。通过这种方式，公司能够更精确地根据员工的表现进行薪酬分配，从而实现资源的合理配置，并促进整体绩效的提升。

4. 绩效评估结果在职位调整中的应用

绩效评估结果能够促使员工职位调整。职位调整分为晋升、岗位调整两种主要形式。职位调整的核心在于使员工本人的素质和能力能够更好地与相应的工作相匹配。

职位调整常常是和绩效评估结果联系在一起的。企业在对员工进行绩效评估时，不能只评价他目前工作业绩的好坏，还要通过对员工能力的考察，进一步确认该员工未来的潜力。而且管理者还应该明白，人与人之间所存在的绩效差异除了他们自身的努力外，还和他们所处的工作系统本身有关系，这些工作系统包括同事关系、工作本身、原材料、所提供的设备、顾客、所接受的管理和指导、所接受的监督以及外部环境条件等，这些要素在很大程度上不在员工自己的掌控之中。对那些绩效非常好、能力非常强的员工，企业可以通过晋升的方式给他们提供更大的舞台和机会，帮助他们获得更大的业绩；而对那些绩效不佳的员工，管理者应该认真分析其绩效不好的原因。

5. 绩效评估结果在淘汰制度中的应用

如果是员工个人不努力工作、消极怠工，则可以采取淘汰的方式，如果是员工所具备的素质和能力与现有的工作任职资格不匹配，则可以考虑进行工作轮换，以观后效。

6. 绩效评估结果在员工培训中的应用

对于绩效管理系统而言，除了要区分出员工绩效的优劣之外，还要通过分析绩效评估的结果来提升员工的技能和能力。培训的一个主要出发点就是员工绩效不良或者绩效低于标准要求，即当员工的现有绩效评估结果和企业对他们的期望绩效之间存在差距时，管理者就要考虑是否可以通过培训来改善员工的绩效水平。

（四）绩效评估结果在指导员工职业发展中的应用

从较长时期和连续的考核结果中，管理者可以看出员工的真实潜能和职业倾向，当员工的职业生涯定位不准确时，管理人员应及时和员工进行沟通，指出员工的优缺点，并和员工一起对职业发展道路进行重新规划和调整，避免员工因职业发展定位不准而带来各种负面影响。

第三节　绩效考评的方法与体系

一、绩效考评方法

（一）行为导向型的主观考评

行为导向型主观考评方法主要是依据一定的标准或设计好的维度对被考评者的工作行为进行主观评价的方法。

1. 行为导向型主观考评的分类

行为导向型主观考评方法主要有排序法、选择排列法、强制分布法、成对比较法。

（1）排序法

排序法，也称为排列法、简单排列法，是绩效考评中比较简单易行的一种综合比较方法。它通常是由上级主管根据员工工作的整体表现，按照优劣顺序依次进行排列。有时为了提高其精度，也可以将工作内容做出适当的分解，分项后按照优良的顺序排列，再求总平均的次序数，并以此作为绩效考评的最后结果。

这种方法的优点是简单易行，花费时间少，能使考评者在预定的范围内组织考评，并将下属进行排序，从而减少考评结果过宽和趋中的误差。在确定的范围内可以将排列法的考评结果作为薪资奖金或一般性人事变动的依据。由于排序法是对比性的方法，考评是在员工间进行主观比较，不是用员工工作的表现和结果与客观标准相比较，因此具有一定的局限性，不能用于比较不同部门的员工，个人取得的业绩相近时很难进行排列，也不能使员工得到关于自己优点或缺点的反馈。

（2）选择排列法

选择排列法，也称交替排列法，是简单排列法的进一步推广。选择排列法利用的是人们容易发现极端、不容易发现中间的心理，在所有员工中，挑选出最好的员工，然后挑选出最差的员工，分别将他们作为第一名和最后一名，接着在剩下的员工中再选择出最好的和最差的，分别将其排列在第二名和倒数第二名，依次类推，最终将所有员工按照优劣的先后顺序全部排列完毕。

选择排列法是较为有效的一种排列方法，采用本法时，不仅上级可以直接完成排序工作，还可将其扩展到自我考评、同级考评和下级考评等其他考评方式中。

（3）强制分布法

强制分布法，也称强迫分配法、硬性分布法。假设员工的工作行为和工作绩效整体呈正态分布，那么按照状态分布的规律，员工的工作行为和工作绩效好、中、差的分布存在一定的比例关系，在中间的员工应该最多，好的、差的是少数。强制分布法就是按照一定的百分比，将被考评的员工强制分配到各个类别中。类别一般有五类，从最优到最差的具体百分比数可根据需要确定，既可以是10%，20%，40%，20%，10%，也可以是5%，20%，50%，20%，5%，等等。

这种方法可以避免考评者过分严厉或过分宽容的情况发生，克服平均主义。当然，如果员工的能力分布呈偏态，该方法就不适合了。强制分布法只能把员工分为有限的几种类别，难以具体比较员工差别，也不能在诊断工作问题时提供准确可靠的信息。强制分布法较适合在人数较多情况下评估总体状况，简易方便，不过此法缺少具体分析，在总体偏优或偏劣的情况下，难以实事求是地做出评价。

（4）成对比较法

成对比较法，亦称配对比较法、两两比较法等。其基本程序是：首先，根据某种考评要素，例如工作质量，将所有参加考评的人员逐一比较，按照从最好到最差的顺序对被考评者进行排序；其次，再根据下一个考评要素进行两两比较，得出本要素被考评者的排列次序；依次类推，经过汇总整理，最后求出被考评者所有考评要素的平均排序数值，得到最终考评的排序结果。

用表纵列上员工与横行员工对比，以横行的员工作为对比的基础，如果比本员工（例如A员工）优，画上正号"＋"。如果比本员工差者，画上负号"－"。本表是以横行的员工作为对比的基础，如果以纵列的员工作为对比的基础，所得出的结果正好相反。

应用成对比较法时，能够发现每个员工在哪些方面比较出色，在哪些方面存在明显的不足和差距，在涉及的人员范围不大、数目不多的情况下宜采用本方法。如果员工的数目过多，不但费时费力，其考评质量也将受到制约和影响。

2. 行为导向型主观考评的优缺点

（1）优点

当绩效管理主要为了区分员工绩效时，该方法就显得特别重要并且避免了过严或过宽及居中趋势的误差。如果绩效衡量的结果被应用在加薪、决策等此类管理决策方面，这种方法显得尤其有价值。

（2）缺点

此方法无法与组织的战略目标联系在一起，主观性较强，其信度和绩效往往取决于评价者本人。从反馈目的来看缺乏具体的依据，该种方法的评价结果不为大多数员工和管理者所接受。

（二）行为导向型的客观考评

行为导向型客观考评方法则是根据一定的客观标准对员工进行评价的方法。

包括以下四种具体方法：关键事件法、行为锚定等级评价法、行为观察法、加权选择量表法。

1. 行为导向型客观考评的分类

（1）关键事件法

关键事件法，又称为重要事件法，是由美国学者福莱·诺格（JohnC. Flanagan）和伯恩斯（Baras）在 1954 年共同创立的。关键事件是使工作成功或失败的行为特征或事件（如成功与失败、盈利与亏损、高效与低产等）。关键事件法要求分析人员、管理人员、本岗位人员，将工作过程中的"关键事件"详细地加以记录，并在大量收集信息后，对岗位的特征和要求进行分析和研究的方法。关键事件法对事不对人，以事实为依据。考核者不仅要注重对行为本身的评价，还要考虑行为的情境，关键事件法考评的内容是下属特定的行为，而不是他的品质和个性特征。可以用来向员工提供明确的信息，使他们知道自己在哪方面做得较好，在哪方面做得不好。

关键事件法的步骤分为以下三步。

第一，识别岗位关键事件。运用关键事件分析法进行工作分析，其重点是对岗位关键事件的识别，这对调查人员提出了非常高的要求，一般非本行业、对专业技术了解不深的调查人员很难在短时间内识别该岗位的关键事件是什么；如果在识别关键事件时出现偏差，将对调查的整个结果带来巨大影响。

第二，识别关键事件后，调查人员应记录的信息和资料包括导致该关键事件发生的前提条件是什么，导致该事件发生的直接和间接原因是什么，关键事件的发生过程和背景是什么，员工在关键事件当中的行为表现是什么，关键事件发生后的结果如何，员工控制和把握关键事件的能力如何。

第三，将上述各项信息资料详细记录后，可以对这些信息资料做出分类，并归纳总结出该岗位的主要特征、具体控制要求和员工的工作表现情况。

记录关键事件可以利用 STAR 法。

S（Situation）——情境。这件事情发生时的情境是怎么样的。

T（Target）——目标。他为什么要做这件事。

A（Action）——行动。他当时采取的是什么行动。

R（Result）——结果。他采取这个行动获得了什么结果。

关键事件法的优点是为考评者提供了客观的事实依据，考评内容不是员工的短期表现，而是一年内的整体表现；以事实为依据，保存了动态的关键事件记录，可以全面记录下属是如何消除不良绩效、如何改进和提高绩效的；设计成本很低；员工参与性强，容易被接受。

关键事件法的缺点是对关键事件的观察和记录费时费力，能做定性分析，不能做定量分析；有积累小过失之嫌；不能具体区分工作行为的重要性程度，很难使用该方法在员工之间进行比较，不可单独作为考核工具。

（2）行为锚定等级评价法

行为锚定等级评价法，又称行为定位法、行为决定性等级量表法或行为定位等级法，由美国学者 P. C. 史密斯（P. C. Smith）和德尔（L. Kendafl）于 20 世纪 60 年代提出，是一种将同一职务工作可能发生的各种典型行为进行评分度量，建立一个锚定评分表，并以此为依据，对员工工作中的实际行为进行测评级分的考评办法。

行为锚定等级评价法的步骤分为以下五步。

第一，进行岗位分析，获取本岗位的关键事件，由其主管人员做出明确简洁的描述。

第二，建立绩效管理评价的等级，一般分为 5~9 级；将关键事件归并为若干绩效指标，并给出确切定义。

第三，由另一组管理人员对关键事件做出重新分配，把它们归入最合适的绩效要素指标中，确定关键事件的最终位置，并确定出绩效考评指标体系。

第四，审核绩效考评指标登记划分的正确性，由第二组人员将绩效指标中包含的重要事件由优到差，从高到低进行排列。

第五，建立行为锚定法的考评体系。

行为锚定等级评价法对员工绩效考评时更加精确，绩效考评标准更加明确；具有良好的反馈功能，对同一个对象进行不同时间段的考评，能够明显提高考评的连贯性和可靠性，考核的维度清晰，各绩效要素的相对独立性强，有利于综合评价判断。

其缺点是文字描述耗时多，同时会动用较多的人力和物力；每一项不同的工作都必须有不同的表格，不便评估的管理；经验性的描述有时容易出现偏差。

（3）行为观察法

行为观察法，又称观察评价法、行为观察量表法、行为观察量表评价法，是在关键事件法的基础上发展起来的，与行为锚定等级评价法大体接近，只是在量表的结构上有所不同。本方法首先要确认员工某种行为出现的概率，要求评定者根据某一工作行为发生频率或次数的多少来对被评定者打分。

行为观察法是各项评估指标给出的一系列有关的有效行为，将观察到的员工的每一项工作行为同评价标准进行比较、评分，看该行为出现的次数、频率的评估方法。将每一种行为上的得分相加，得出总分结果，然后进行比较。

行为观察法分为以下四个步骤。

第一，将内容相似或一致的关键事件归为一组，形成一个行为标准。例如一个主管对工作做得好的员工进行表扬或鼓励。

第二，由在职员工或分析人员将相似的行为指标归为一组，形成行为观察法中的一个考评标准。

第三，评估考评者内部要一致，以判断另外一个人或另外一组是否会根据工作分析中得出的关键事件开发设计出相同的行为考评标准。

第四，检验行为观察法各个考评标准的相关性或内容的效度。

行为观察法有助于员工对考评工具的理解和使用，有助于产生清晰明确的反馈；关键行为和等级标准一目了然；允许员工参与工作职责的确定，从而加强员工的认同感和理解力；行为观察法的信度和效度较高。

行为观察法的缺点是较为费时费力，同时，完全从行为发生的频率考核员工，可能会使考核者和员工双方忽略行为过程的结果；有时不切实际；行为观察法需要花费更多的时间和成本；行为观察法过分强调行为表现，未注重实际的产出结果；在组织日益趋向扁平化的今天，让管理者来观察在职人员的工作表现，这似乎不太可能实现。

（4）加权选择量表法

加权选择量表法，又称加权总计评分量表法，是行为量表法的另一表现形式，具体形式是用一系列的形容性或描述性的语句，说明员工的各种具体的工作行为和表现，并将这些语句分别列在量表中，作为考评者的依据。对每一项目要进行多等级的评定赋值，行为表现越好，等级分值越高。

加权选择量表法的步骤分以下三步。

第一，通过工作岗位调查和分析，采集涉及本岗位人员有效行为或无效行为表现的资料，并用简洁的语言做出描述。

第二，对每一个行为项目进行多等级评判，合并同类项，删除缺乏一致性和代表性的事项。

第三，对每一个项目都要进行多等级的评定赋值，行为表现越好，等级分值越高。

加权选择量表法打分容易，核算简单，便于反馈。其缺点是需要根据具体岗位内容，设计不同的加权选择量表；适用范围小。

加权选择量表法实例如表 4-1 所示。[①]

表 4-1　加权选择量表法实例

如果员工有下列行为描述的情况下打"√"，否则打"×"	等级分值 $EA_1 = 1$	考评结果
1. 布置任务时，经常与下级进行详细的讨论	A_1	☐
2. 识人能力差，不能用人所长	A_2	☐
3. 在进行重要的决策时，尽可能地征求下属的意见	A_3	☐
4. 不但对工作承担责任，也能放手让下属独立地进行工作	A_4	☐
5. 经常深入员工，观察他们，并适时予以表扬	A_5	☐
6. 对下级进行空头许诺	A_6	☐
7. 能耐心倾听别人提出的批评，或下级的意见和建议	A_7	☐
8. 在做出重大决策之前，不愿意听取他人的意见	A_8	☐
9. 为了保住自己的面子，不考虑下级会有何感受	A_9	☐
10. 明明是自己的失误，错怪了下属，也不会向下属道歉	A_{10}	☐

---

① 暴丽艳，徐光华. 人力资源管理实务 [M]. 北京：清华大学出版社，2010：241.

2. 行为导向型客观考评法的优缺点

（1）优点

行为导向型客观考评方法的优点是与组织的战略联系较为紧密，向员工提供明确的绩效指导和反馈；使用这一技术的人也参与了开发和设计，所以可接受程度较高。

（2）缺点

行为导向型客观考评方法的缺点是必须时常地对行为的衡量进行监控和修正，才能保证其与组织的目标联系在一起。并且不太合适比较复杂的工作，对这种工作而言，取得成功的途径和行为都是多种多样的。

（三）结果导向型考评

结果导向型的考评方法是以实际产出为基础，考评的重点是员工工作的成效和劳动的结果。一般来说，主要有四种不同的表现形式。

1. 结果导向型考评的分类

（1）目标管理法

"目标管理"的概念是美国管理专家彼得·德鲁克（Peter Drucker）于1954年在其名著《管理实践》一书中最先提出的，其后他又提出"目标管理和自我控制"的主张。德鲁克认为，并不是有了工作才有目标，而是相反，有了目标才能确定每个人的工作。所以"企业的使命和任务，必须转化为目标"，如果一个领域没有目标，这个领域的工作必然被忽视。因此管理者应该通过目标对下级进行管理，当组织最高层管理者确定了组织目标后，必须对其进行有效分解，转变成各个部门以及各个人的分目标，管理者根据分目标的完成情况对下级进行考核、评价和奖惩。

目标管理法是管理者与每位员工一起确定特定的可检测的目标，并定期检查这些目标完成情况的一种绩效考评方法。它的指导思想是管理的成功有赖于自我调节，体现了现代管理的哲学思想，是领导者与下属之间双向互动的过程。目标管理法的最大优点是其目标是由上、下级共同协商确定的，具体完成目标的方法由下级决定并定期提供反馈，上级起指导帮助作用。在期限终了时，上下级一起进行工作评估，总结经验教训并商讨下一期目标。

目标管理法分为以下四步。

第一，战略目标设定。考评期内的目标设定首先是由组织的最高领导开始的，由他们制订总体的战略规划，明确总体的发展方向，提出企业发展的中长期战略目标及短期的工作计划。

第二，讨论确定部门目标及个人目标。部门目标是由各部门领导和他们的上级共同制定的。部门领导就本部门目标与部门下属人员展开讨论，并要求他们分别制订自己的工作计划。

第三，工作绩效考评。部门领导就每一位员工的实际工作业绩与他们事前商定的预期目标加以比较，对工作结果进行审查。

第四，提供反馈，实施控制。目标实施过程中，管理者提供客观反馈，监控员工完成目标的进展程度，比较员工完成目标的程度与计划目标，根据完成程度指导员工，必要时修正目标。在一个考核期结束后，留出专门的时间对目标进行回顾与分析。

目标管理法的优点表现在以下五方面。

一是形成激励。当目标成为组织的每个层次、每个部门和每个成员自己未来时期内欲达到的一种结果，且实现的可能性相当大时，目标就成为组织成员们的内在激励。特别是当这种结果实现时，组织还会给予相应的报酬，因此，目标的激励效用就会更大。

二是有效管理。目标管理方式的实施可以切切实实地提高组织管理的效率。目标管理方式比计划管理方式更能推进组织工作的进展，保证组织在最终目标完成方面更胜一筹。因为目标管理是一种结果式管理，不仅是一种计划的活动式工作。这种管理迫使组织的每一层次、每个部门及每个成员首先考虑目标的实现，尽力完成目标。

三是明确任务。目标管理的另一个优点就是使组织各级主管及成员都明确了组织的总目标、组织的结构体系、组织的分工与合作及各自的任务。这些方面职责的明确，使得主管人员也知道，为了完成目标必须给予下级相应的权力，而不是大权独揽，小权也不分散。

四是自我管理。目标管理实际上也是一种自我管理的方式，或者说是一种引导组织成员自我管理的方式。在实施目标管理过程中，组织成员不再只是做工作，执行指示，等待指导和决策，组织成员此时已成为具有明确规定目标的单位或个人。

五是控制有效。目标管理方式本身也是一种控制的方式，即通过目标分解后的实现最终保证组织总目标实现的过程就是一种结果控制的方式。

目标管理的缺点主要表现在以下三方面。

一是强调短期目标。大多数目标管理中的目标通常是一些短期的目标，如年度的、季度的、月度的等。一方面，短期目标比较具体易于分解，而长期目标比较抽象难以分解；另一方面，短期目标易迅速见效，长期目标则不然。

二是目标设置困难。目标的实现是大家共同合作的成果，这种合作中很难确定你已做多少，他应做多少，因此可度量的目标确定也就十分困难。

三是无法权变。目标管理执行过程中目标的改变是不可以的，因为这样做会导致组织的混乱。事实上，目标一旦确定就不能轻易改变，也正是如此使得组织运作缺乏弹性，无法通过权变来适应变化多端的外部环境。

（2）绩效标准法

绩效标准法与目标管理法基本接近，采用更直接的工作绩效衡量指标，通常适用于非管理岗位的员工，采用的指标要具体、合理、明确，要有时间、空间、数量、质量的约束限制，要规定完成任务的先后顺序，保证目标与组织目标的一致性。绩效标准法比目标管理法具有更多的考评标准，而且标准更加详细具体。依照标准逐一评估，然后按照各标准的重要性及所确定的权数，进行考评分数汇总。由于被考评者的多样性，个人品质存在明显差异，有时某一方面的突出业绩和另一方面的较差表现有共生性，而采用这种方法可以克服此类问题。绩效标准法为下属提供了清晰准确的努力方向，对员工具有更加明确的导向和激励作用。绩效标准法的局限性是需要占用较多的人力、物力和财力，需要较高的管理成本。

（3）直接指标法

在员工的衡量方式上，采用可直接监测、可核算的指标构成若干考评要素，作为对下属的工作表现进行评估的主要依据。如对于非管理人员，可衡量其生产率、工作数量、工作质量等。工作数量指标有工时利用率、月度营业额、销售量等。工作质量指标有顾客不满意率、废品率、产品包装缺损率、顾客投诉率、不合格品返修率等。对管理人员的工作评估可以通过对其员工的缺勤率、流动率的统计来实现。

直接指标法的优点是简单易行，能节省人力、物力和管理成本。运用本方法时，需要加强企业基础管理，建立健全各种原始记录，特别是一线人员的统计工作。

（4）成绩记录法

成绩记录法是一种以主管人员的工作成绩记录为基础的考评方法。它是新开发出来的一种方法，比较适合于从事科研教学、科研工作的教师、专家们，及具有相同工作性质的人员，即他们每天的工作内容不尽相同，无法用完全固化的衡量指标进行考量。

成绩记录法分为以下三步。

第一，由被考评者把自己与工作职责有关的成绩写在一张成绩记录表上。

第二，由其上级主管来验证成绩的真实准确性

第三，由外部的专家评估这些资料，从而对被考核人的绩效进行评价。

2. 结果导向型考评方法的优缺点

（1）优点

当员工完成工作任务的具体方法不重要，而且存在多种完成任务的方法时，结果导向的评价方法就非常适用。

（2）缺点

一是由于员工绩效的多因性，员工的最终工作结果不仅取决于员工个人的努力和能力因素，也取决于宏观的经济环境和微观的工作环境等多种其他因素，因此，以结果为导向的绩效考评很可能缺乏有效性。

二是可能强化员工只重结果而不择手段的倾向。

三是团队工作的组织中，把员工个人的工作结果作为绩效考核的依据会加剧员工个人之间的不良竞争，妨碍彼此的协作和相互作用，不利于整个组织的工作

绩效。

四是在为员工提供绩效反馈方面的作用不大，它无法向员工提供如何改进工作绩效的明确信息。

（四）综合考评法

有一些考评方法既可以用来考评绩效结果，也可以用来考评绩效实现过程中的行为。这类方法兼具了行为导向型和结果导向型方法的优点，可以根据考评内容灵活应用。

1. 图尺度评价法

图尺度评价法，也称为图解式考评法，是最简单和运用最普遍的工作绩效评价技术之一。它列举出一些组织所期望的绩效构成要素（质量、数量或个人特征等），还列举出跨越范围很宽的工作绩效等级（从"不令人满意"到"非常优异"）。在进行工作绩效评价时，首先针对每一位下属员工从每一项评价要素中找出最能符合其绩效状况的分数。然后将每一位员工所得到的所有分值进行汇总，即得到其最终的工作绩效评价结果。

图尺度评价法的使用方法如下：

首先，在一张图表中列举出一系列绩效评价要素，并为每一要素列出几个备选的工作绩效等级。

其次，主管人员从每一要素的备选等级中分别选出最能够反映下属雇员实际工作绩效状况的工作绩效等级，并按照相应的等级确定其各个要素所得的分数。

图尺度评价法的优点是使用起来较为方便，能为每一位雇员提供一种定量化的绩效评价结果。其缺点是不能有效地指导行为，只能给出考评的结果而无法提供解决问题的方法；不能提供一个良好的机制以提供具体的、非威胁性的反馈；这种方法的准确性不高，由于评定量表上的分数未给出明确的评分标准，所以很可能得不到准确的评定，常常凭主观来考评。

2. 平衡计分卡

平衡计分卡是一种绩效管理的工具，它将企业战略目标逐层分解转化为各种具体的相互平衡的绩效考核指标体系，并对这些指标的实现状况进行不同时段的考核，从而为企业战略目标的完成建立起可靠的执行基础。

平衡计分卡 BSC 的核心思想是通过财务、客户、企业内部流程、学习与成长四个指标之间相互驱动的因果关系，来展现组织的战略轨迹，实现绩效考评、绩效改进以及战略实施的目标。[①]

平衡计分卡分为以下三步。

第一，以组织的共同愿景与战略为内核，运用综合与平衡的哲学思想，依据组织结构，将公司的愿景与战略转化为下属各责任部门（如各事业部）在财务、顾客、内部流程、创新与学习四个方面的系列具体目标（成功的因素）。

第二，依据各责任部门分别在财务、顾客、内部流程、创新与学习四种计量可具体操作的目标，设置一一对应的绩效评价指标体系，这些指标不仅与公司战略目标高度相关，而且是以先行与滞后两种形式，同时兼顾和平衡公司长期和短期目标、内部与外部利益，综合反映战略管理绩效的财务与非财务信息。

第三，由各主管部门与责任部门共同商定各项指标的具体评分规则。一般是将各项指标的预算值与实际值进行比较，对应不同范围的差异率，设定不同的评分值。以综合评分的形式，定期（通常是一个季度）考核各责任部门在财务、顾客、内部流程、创新与学习四个方面的目标执行情况，及时反馈，适时调整战略偏差，或修正原定目标和评价指标，确保公司战略得以顺利与正确地实行。

平衡计分卡的优点是能够克服财务评估方法的短期行为；使整个组织行动一致，服务于战略目标；能有效地将组织的战略转化为组织各层的绩效指标和行动；有助于各级员工对组织目标和战略的沟通和理解；有利于组织和员工的学习成长和核心能力的培养，实现组织长远发展，提高组织整体管理水平。

其缺点是：运用平衡计分卡的难点在于试图使其"自动化"。平衡计分卡中有一些条目是很难解释清楚或者衡量出来的。确定绩效的衡量指标往往比想象的更难。尽管管理者通常明白客户满意度、员工满意度与财务表现之间的联系，平衡计分卡却不能指导管理者怎样才能提高绩效，从而达到预期的战略目标。当组织战略或结构变更的时候，平衡计分卡也应当随之重新调整，而负面影响也随之

---

① 蔡东宏. 人力资源管理 [M]. 西安：西安交通大学出版社，2014：161.

而来。因为保持平衡计分卡随时更新与有效需要耗费大量的时间和资源。难以执行。一份典型的平衡计分卡需要 5~6 个月的时间去执行，另外再需几个月去调整结构，使其规则化，从而总的开发时间经常需要一年或者更长的时间。

二、绩效考评体系

绩效考评体系是由一组既独立又相互关联并能较完整地表达评价要求的考核指标组成的评价系统，是绩效管理过程中最重要的环节。绩效考评体系的建立，有利于评价员工工作状况，是进行员工考核工作的基础，也是保证考核结果准确、合理的重要因素。

绩效考评体系主要包括遴选考评者、设定绩效考评指标及权重、制定绩效考评标准、确定绩效考评周期和设置绩效考评内容。

(一) 遴选考评者

合格的绩效考评者应了解被考评者岗位的性质、工作内容、要求以及绩效考评标准，熟悉被考评者的工作表现，同时要公正客观。考评主体主要包括自我考评、上级考评、同事考评、下属考评和客户考评。

1. 自我考评

即被考评者本人对自己的工作实绩和行为表现所做的评价。这种方式透明度较高，有利于被考评者在平时自觉地按考评标准约束自己，但可能有"倾高"现象存在。

2. 上级考评

指上级对下属员工的考评。这种由上而下的考评，由于考评的主体是主管领导，所以能较准确地反映被考评者的实际状况，也能消除被考评者心理上的压力。但有时也会受主管领导的疏忽、偏见、感情等主观因素的影响而产生考评偏差。

3. 同事考评

即同事间相互考评。这种方式体现了考评的民主性，但考评结果往往受被考评者的人际关系的影响。

4. 下属考评

指下属员工对其直接领导的考评。一般选择一些有代表性的员工，用比较直接的方法，如直接打分法等进行考评，考评结果可以公开或不公开。

5. 客户考评

许多企业把客户也纳入员工绩效考评体系中。在一定情况下，顾客常常是唯一能够在工作现场观察员工绩效的人，此时，他们就成了最好的绩效信息来源。

（二）设定绩效考评指标及权重

人力资源管理的核心是绩效管理，绩效管理中最重要的环节是绩效评价，而绩效评价是通过考核绩效指标来体现的。绩效考核指标就是将品德、工作绩效、能力和态度用科学方式结合组织特性划分项目与标准，用以绩效评价与业绩改善。

1. 考评指标应具有效性

有效的绩效考评指标体系既要符合企业管理的要求，又要具有有效性。绩效考评指标应遵循下列六个原则。

（1）与企业的战略目标相一致

在绩效考核指标的拟定过程中，首先应将企业的战略目标层层传递和分解，每个员工承担各自的岗位职责。只有当员工努力的方向与企业的战略目标一致时，企业整体的绩效才可能提高。

（2）重点突出

要抓住关键绩效指标。指标之间是相关的，通过抓住关键业绩指标将员工的行为引向组织的目标方向，指标一般控制在五个左右，太少可能无法反映职位的关键绩效水平；但太多太复杂的指标只能增加管理的难度和降低员工满意度。

（3）业绩与素质并重

既要重业绩，又要重素质。过于重"素质"，会使人束手束脚，过分重视个人行为和人际关系，不讲实效，最终不利于组织整体和社会的发展。过于重"业绩"，又易于鼓励人的侥幸心理，令人投机取巧。一套好的考核指标，必须在"业绩"和"素质"之间安排好恰当的比例。应该在突出业绩的前提下，兼顾对素质的要求。

（4）适时调整

不同行业、不同发展阶段、不同战略背景下的企业，绩效考核的目的、手段、结果运用是各不相同的。绩效考核指标要收到绩效，关键并不在于考核方案多么高深精准，而在于一个"适"字。必须视企业的发展和企业的战略规划要求，适时做出相应调整，才能永远适用。

（5）高信度

强调绩效考评指标对员工的引导作用，当企业的战略发生转移时，绩效考评指标应该及时调整，体现出对员工新的要求。

（6）高效度

多个评估者对同一个被考评者的评价结果一样或近似，反映绩效指标的一致性高；在不同时间点的评价结果应该相同或接近，反映指标的稳定性高。

2. 考核常用指标设计

不同的企业目标与性质不同，绩效指标也不同，而且由于不同工作岗位工作性质的差异，更加导致不同岗位的绩效评估内容与指标体系不同。一般而言，每个岗位的指标体系由工作数量、质量、时间以及成本四个方面构成。

关键绩效指标（Key Performance Indicator，KPI）是通过对组织内部流程的输入端、输出端的关键参数进行设置、取样、计算、分析，衡量流程绩效的一种目标式量化管理指标，是把企业的战略目标分解为可操作的工作目标的工具，是企业绩效管理的基础。KPI 可以使部门主管明确部门的主要责任，并以此为基础，明确部门人员的业绩衡量指标。建立明确的、切实可行的 KPI 体系，是做好绩效管理的关键。关键绩效指标是用于衡量工作人员工作绩效表现的量化指标，是绩效计划的重要组成部分。

关键绩效指标通过流程再落实到具体的部门、岗位、角色，其提供的不仅是一种考核评估工具，而且通过对流程的分析也比较容易指明改进的方向。

3. 指标权重的确定方法

指标权重的具体确定方法有很多，企业中比较常见的主要有以下三种。

（1）经验法

经验法是一种主要依靠历史数据和专家直观判断确定权重的简单方法，具有一定的主观性。这种方法需要企业有比较完整的考评记录和相应的评估结果，而且它是决策者个人根据自己的经验对各项评价指标重要程度的认识，或者从引导意图出发对各项评价指标进行分配，也可以是集体讨论的结果。此方法的主要优点在于决策效率高、成本低，容易为人接受，适合专家治理型企业；主要缺点是由此方法获得数据的信度与效度不高，且具有一定的片面性，对决策者能力要求很强。

（2）序列比较法

序列比较法是对相同职务员工进行考核的一种方法。在考评之前，首先要确定考评的模块，但是不确定要达到的工作标准。将相同职务的所有员工在同一考评模块中进行比较，根据他们的工作状况排列顺序，工作较好的排名在前，工作较差的排名在后。最后，将每位员工几个模块的排序数字相加，就是该员工的考评结果。总数越小，绩效考评成绩越好。

（3）对偶加权法

对偶加权法是将各考评要素进行比较，然后将比较结果进行汇总比较，从而得出权重的加权方法。对偶加权法在比较对象不多的情况下，比序列比较法更准确可靠。与序列比较法一样，采用这种方法得到的结果也是次序量表资料，只有把它转化成等距资料才能分辨出不同指标间的相对重要性大小。

（三）制定绩效考评标准

绩效考评标准是考评者通过测量或通过与被考评者约定所得到的衡量各项考评指标得分的基准。依据组织的战略，就可制定个人或群体的工作行为和工作成果标准，标准可能有多项，每一项也可能都有很明细的要求，但衡量绩效的总的原则只有两条：一是是否使工作成果最大化；二是是否有助于提高组织效率。

考评标准一般可分为基本标准和卓越标准两种。

1. 基本标准

即合格标准，是对评估对象的基本期望，是通过努力能够达到的水平。建立基本标准的目的是判断员工的工作是否能够满足基本要求，主要用于非激励性的报酬决策，如基本的绩效工资等。

2. 卓越标准

卓越标准的描述没有限度，是指对评估对象没有强制要求，但是通过努力，少部分人能够达到的绩效水平。设置卓越标准的主要目的是识别标杆，提供努力方向，主要用来决定激励性的待遇，如额外的奖金、分红、岗位晋升等。

（四）确定绩效考评周期

绩效考评周期，也称为绩效考评期限，是指多长时间对员工进行一次绩效考核。绩效考评是针对企业中每个职工所承担的工作，应用各种科学的定性和定量的方法，对职工行为的实际效果及其对企业的贡献或价值进行考核和评价。

由于绩效考评需要耗费一定的人力、物力，因此考评周期过短，会增加企业管理成本的开支；但是，绩效考评周期过长，又会降低绩效考核的准确性，不利于员工工作绩效的改进，从而影响绩效管理的效果。因此，在准备阶段，还应当确定出恰当的绩效考核周期。

绩效考核周期确定，须考虑以下三个因素：

一是指标性质。不同的绩效指标，其性质是不同的，考核的周期也相应不同。一般来说，性质稳定的指标，考核周期相对要长一些；相反，考核周期相对就要短一些。

二是职位性质。不同的职位，工作的内容是不同的，因此绩效考核的周期也应当不同。一般来说，职位的工作绩效比较容易考核，而且考核周期相对要短一些。

三是标准性质。在确定考核周期时，还应当考核到绩效标准的性质，就是说考核周期的时间应当保证员工经过努力能够实现这些标准，这一点其实是和绩效标准的适度性联系在一起的。

（五）设置绩效考评内容

企业员工绩效考评的内容，体现了企业对员工的基本要求。考评内容是否科学、合理，直接影响到员工绩效考评的质量。因此，实行员工绩效考评的企业对有关考评内容的问题都十分重视，都试图制定符合企业实际情况需要、能全面而准确地评价员工的人事考评内容。一般而言，完整的绩效考评内容应该包括业绩考评、综合能力考评、工作态度考评和潜力考评。在实际操作过程中，由于各企业所处的环境不同，完成目标管理工作中具体的特点不同以及经营者的偏好不同，就可能使企业绩效考评偏重于其中一项或几项。例如企业管理工作的重心在于提高工作效率，其考评内容偏重于业绩考评，如果需要提升一些有才干的人员来促进企业的发展，则考评的内容就偏重于能力考评和潜力测评。

1. 业绩考评

业绩考评通常称为"考绩"，是对企业人员担当工作的结果或履行职务工作结果的考察与评价。它是对组织成员贡献程度的衡量，是所有工作关系中最本质的考评。业绩考评能够直接体现出员工在企业中价值的大小、与被考评者担当工作的重要性、复杂性和困难程度呈正相关关系。通过反馈系统的反馈，业绩考评比其他考评更能体现组织的效率。

2. 综合能力考评

能力考评是考评员工在职务工作中发挥出来的能力。例如在工作中判断是否正确、工作效率如何、工作中协调能力怎样，等等。根据被考评者在工作中表现出来的能力，参照标准和要求，对被考评者所担当的职务与其能力是否匹配做出评定。这里的能力主要体现在以下四个方面：常识、专业知识和其他相关知识；技能、技术和技巧；工作经验；体力。需要指出的是，企业绩效考评中的能力考评和能力测试不同，前者是同被考评者所从事的工作相关，而后者是对员工的能力从人的本身属性进行评价，分出优劣，强调人的共性，不一定要和员工的现任工作相联系。

3. 工作态度考评

态度考评是考评员工为某项工作而付出的努力程度，比如是否有干劲、有热情，是否忠于职守，是否服从命令等。态度是工作能力向业绩转换的中介，在很大程度上决定了能力向业绩的转化。当然，同时还应考虑到工作完成的内部条件和外部条件。态度反映"功劳"和"苦劳"之间的关系，最大限度地使只有"苦劳"的人成为有"功劳"的人，是企业的责任，也是企业有效使用人力资源的诀窍。

4. 潜力考评

相对于"在职务工作中发挥出来的能力"，潜力是"在工作中没有发挥出来的能力"。

使一个人的能力不能在自己所担当的职务工作中发挥出来的原因至少有以下四方面：一是机会不均等，即没有经过公平竞争获得发挥能力的机会；二是与此相近的人员配置不合理，担任的职务与能力不配，不相称；所谓大材小用，或小材大用，都会抑制一个人在自己的职务上发挥才能；三是领导命令或指示有误；四是能力开发计划不周。即一个人要发挥能力，必须使自身的能力结构合理，否则就会因缺少某一方面的知识而阻碍其他已经拥有的能力的发挥。与此相联系，合作共事者之间的能力结构也要配套，使彼此能力互补，相长相促，等等。一个员工在自己的职位上是不可能完全拥有能力的，总是存在潜力，了解、测评和把握员工，并在此基础上开发员工潜力是有实际意义的。

第四节　激励机制发展和对策探讨

一、激励机制概述

激励员工是激励的本质，通过激励可以提高员工的工作积极性和对企业的归属感，以此提高员工实际行为，实现组织目标，所以企业一定要依据现实情况构建适合企业发展的激励目标。

目标激励、物质激励和情感激励是员工激励的主要类型。

目标激励指的是将企业的战略需求转变为员工的实际需求，要求内部领导者在实际运营中，将员工和企业取得的实际性阶段成果向员工做出显示，让员工清晰地明确自身的发展方向，鼓励引导员工构建阶段性目标，来实现企业的战略需求。

物质激励指的是企业领导者借助加薪、减薪、罚款和奖金等形式，来顺应员工的实际需求，通过对物质利益关系的调节来激励人们向前发展。在实际发展中，物质激励不但可以激发员工的主观能动性，也可以严谨地将企业按劳取酬的分配原则对外彰显。

情感激励是联系领导者和员工感情的一种激励形式，企业管理人员要明确，员工并不是他们争取效益最大化的附属品，员工不论职位如何，都需要受到关怀和鼓励。

二、员工激励现状与主要问题

（一）员工激励现状

1. 培训激励机制

员工培训激励机制的原则是内训为主，外训为辅。企业决策层直接构建指导性规划方案，在构建之后，剩余的部门要贯彻提出的总体思路，并具体在内部加以实施。每年在年初，人力资源部门都会融合企业的实际情况构建规划内容，各个部门再依据下发的表格数据制订适合员工培训的规划方案，最后再由项目负责人审核信息，最终提交给企业备案。本部门自行确定培训的内容、形式和时间等。

在培训阶段，依照培训的规划和内容定期地做出检查是人力资源部门的主要职责；与此同时，企业在培训模式上每年都会在内部选择业绩指标高，工作优异的员工作为培训的讲师。借助课堂教学是开展培训的主要模式。在培训内容的选择上，是由文化团队构建、沟通技巧、技术创新等内容构成。

2. 薪酬激励机制

在建设薪酬激励机制中，公司也融入了薪酬保密制度，要求内部员工都要基于保密制度基础上严格地对信息做出落实。企业在建设薪酬体系之前，会提前做好市场调查，对劳动力市场的现实供给每间隔两年修正一次薪酬标准，也会依照国家实施的法规和方案来设计薪酬水平的浮动标准，在设定方案之后，上交给企业的董事会进行审查，企业在薪酬支付上会依照各个部门的绩效考核现实情况设定员工薪酬构成表，再上交给人力资源审核，最后上报给总经理，总经理经过审查之后每月 10 日以银行转账的形式分发给员工对应的薪酬。

（二）员工激励面临的问题

1. 激励方式相对单一

目前，员工激励上还存在激励形式单一等问题。物质和奖金激励是员工的主要激励模式，并没有提前针对员工激励系统做出全面系统的认知，没有加大员工精神层次上的关注，缺少对企业员工深层次的激励力度，仅仅对物质需求做出关注，没有在实际岗位中和员工进行情感互动。这会使领导者和员工关系日益紧张。激励模式单一不但没有将自身应有的激励作用发挥出来，甚至也会降低员工对公司的归属感和责任感；与此同时，部分管理者目前存在重视精神激励，忽视物质激励等问题，没有对员工进行全方面清晰的了解分析，仅仅以一部分员工需求为标准一概而论，这样取得的结果当然是不理想的。建议我国企业在之后一定要构建完善的员工激励机制，关注员工精神激励的重要作用，合理调节物质激励和精神激励两者的关系，这样才可以在提高员工工作热情基础上，将激励具备的理想效果发挥出来。

2. 缺乏针对性

提高员工工作积极性的主要手段是物质激励，对员工来说，生活好，收入高是非常诱人的，员工在管理工作中只有感受到自身的价值被他人认可，并得到对应的报酬，才会提高对公司的归属感。但是目前企业在制定激励机制中没有对激励的价值和重要意义做出关注，缺少有效的激励体系，某种程度上影响了员工的积极性；与此同时，公司制定的负报酬也是从约束的角度上来看待的，当员工个人行为与企业预期方向相背离时，企业就会采取惩戒措施，杜绝类似现象的产生，比如，对工作懒散的员工辞退，降职，对早退的员工进行物质惩戒等。管理层也会采取消极激励，因为部分领导人员过度地使用消极激励形式，影响了员工的工作效率，加大了员工流失率。建议我国企业在之后要构建完善的激励机制，更好地促进员工综合素质的发展。

3. 缺乏完善的制度

绩效考核指的是对员工的工作态度、结果和行为进行评估，以此获取最准确的员工工作绩效信息。指导员工采取适当的行动，激励员工，让处于绩效边缘的员工或者低于绩效水平的员工回归正路是绩效考核的目的，但是目前应严格地遵循多劳多得的原则；与此同时，企业在年度绩效考核标准调整前过于模糊，缺少一定的针对性，个别岗位没有达到标准设置，部分员工也表示：自己兢兢业业努力了几年，却没有得到对应的奖励，心里感到不公平，这也直接显现公司目前构建的人力资源绩效评价体系不够完善。

三、加强员工激励的对策

（一）优化薪酬制度

每个员工都需要考虑自身的薪酬待遇问题，薪酬待遇如果构建得不够合理，也无法在社会上生存和立足，对于当代职业人员来说，在社会上生存的基础条件和必需品是金钱。所以薪酬制度也是企业招收复合型人才的基础保障。合理规范的薪酬制度是吸引人才的主要途径，企业基于现实发展基础上，如果没有构建与之匹配的薪酬水准，使员工享受不到应有的薪酬待遇，就会降低员工工作积极性。在薪酬制度分配上不够合理和公平，也会加剧员工的抱怨，影响工作效率。因此应该在顺应财务机构现实情况下，构建合理完善的评估和奖励机制，针对内部人员进行考核评估，将此结果作为内部工作人员薪酬发放的参考依据，通过奖励和惩罚机制来调动内部工作人员努力上进，将自身的工作热情激发出来。组织要将这种激励作用固化下来，并一直持续，使薪酬体系贯穿公司的始终。

（二）建立完善的现代化绩效考核机制

绩效考核体系是对员工进行薪酬奖励重要的参考依据，因此需要完善高效的统计和筹集有关的数据信息，并建立一套健全的绩效考核体系制度，以此作为评判和考察职工并进行薪酬分发的依据。① 而在进行绩效考核时需要全面系统地进行考察，兼顾产品销售及商品属性以及资金支付等方面。在取得这些信息和数据以后还需要对信息数据的真实性和有效性做进一步的调查和审核，而依照绩效考核的结果进行薪酬发放时，一定要确保整个过程的公平和透明，因为进行绩效考核就是要确保薪酬发放的公平性和合理性，如果在最后阶段不能确保该特点则失去了其意义和价值。最后薪酬发放的结果需要与工作能力和技能水平等因素呈正相关，同时还要和职工的职务岗位等关联起来。

（三）不断完善员工激励制度

基础员工的激励由工资设计、奖金设计以及福利设计构成，在工资设计上，工资制度具有调节、激励、分配这三大基础职能，企业要避免平均主义和悬殊差距过大。

一是在工资设计之前，要提前做好信息的调查，对工资设计需要的资料和数据进行总结，并对年度工资总额基数做好核定，制订工资分配方案的主要指标就是工资总额，同时还要和企业实际相结合，依照杠杆岗位体系对公司的岗位系列做好设置，每一个岗位都要严格地明确高中低这三个标准，依照岗位价值、岗位贡献和大小明确对应的等级，对每一个岗位都要设立最高工资和起始工资标准；最后依据岗位不同的等级下发对应的工资等级。

二是在奖金设计上，要严格地依照按劳分配原则，坚持多劳多得，企业可以设置部门奖金业务、发展奖金和月度奖金，定期地针对基础员工的实际业绩来做出评估，最终和利润相挂钩来确定各项指标的基数，依据为公司贡献的大小程度兑换一定的物质奖金。

三是在福利设计上，要依照全面薪酬的原则做好企业的福利机制的规划工作。可以构建特殊福利、全员福利以及困难补助福利三大体系，对住房困难和重病员工给予一定的生活补助。

---

① 张淑芳. 浅谈企业员工激励机制发展现状和对策 [J]. 商务必读，2022（3）：206.

第五章 薪酬福利与劳动关系管理研究

第一节 薪酬管理及其体系设计

一、薪酬的基本理论知识

（一）薪酬的内涵与构成

薪酬一般是指员工因从事组织所需要的劳动或服务而从组织获得的补偿或回报。

在企业中，员工的薪酬一般由四个部分构成，即基本薪酬（工资）、绩效薪酬（奖励薪酬）、附加薪酬（津贴）以及间接薪酬（员工福利）。

基本薪酬，即基本工资，是指企业根据员工所承担的工作或者所具备的技能而支付给他们的较为稳定的经济收入，是以员工的劳动熟练程度、工作的复杂程度、责任大小以及劳动强度为基准，按照一定的时间周期，定期向员工发放的固定薪酬。基本工资一般又分小时工资、月薪和年薪等形式。基本薪酬是员工薪酬的主要部分和计算其他部分金额的基础。

绩效薪酬，又称奖励薪酬，是根据员工超额完成任务以及优异的工作成绩而支付的薪酬，包括红利、利润分享、奖金等。常见的针对工人的计件工资，针对销售人员的销售提成就属于奖励薪酬的形式。其作用在于鼓励员工提高劳动生产效率和工作质量。

附加薪酬，又称津贴，是为了补偿和鼓励员工在特殊劳动条件下的劳动而支付的劳动报酬。习惯上把属于生产性质的称为津贴，属于生活性质的称作补贴，如地区津贴、特殊岗位津贴、特殊职务津贴、午餐补贴和高温补贴等。

间接薪酬，又称福利，是企业为改善与提高员工的生活水平，增加员工的生活便利度而免费给予员工的经济性待遇。福利主要包括员工保险、休假、服务等。福利的主要费用由雇主支付，有时也需要员工个人承担一些项目的费用。

（二）薪酬的价值

从宏观的角度来讲，作为员工为企业所提供劳动的交易价格，薪酬的合理支付是员工与企业在价值分配上的公平交易，其实现有利于劳资关系的和谐。薪酬的公平支付能避免工资歧视的发生，有助于社会的平稳健康发展。此外，企业支付的薪酬与整个社会的福利之间存在紧密关系，社会福利水平和规模与社会的总体薪酬水平有关，社会总体薪酬水平的提高有利于提高社会福利整体水平。

在微观层次上，薪酬的价值体现在企业和员工两方面。

1. 对企业的价值

在整个人力资源管理体系中，健全的薪酬福利管理系统是吸引、激励、发展与留住人才的最有力的工具。薪酬管理系统作为人力资源管理系统中的一个子系统，向员工传达企业的价值导向，说明什么样的行为是企业所倡导的，什么样的行为是企业所不愿看到的。同时，薪酬管理系统还通过与企业发展战略的充分一致性，来使企业所有员工的努力和行为都集中到能够帮助企业提升竞争力的方向上去。其作用具体体现在以下三方面。

（1）改善企业的经营绩效

由于薪酬决定了现有员工受到激励的状况，影响到他们的工作效率、缺勤率、对组织的归属感以及组织承诺度，从而直接影响到企业的生产能力和生产效率。通过合理的薪酬设计以及科学的绩效考核，企业向员工传递了什么样的行为、态度以及业绩是受到鼓励的，是对企业有贡献的信号。通过信号的引导，员工的工作行为和工作态度以及最终的绩效将会朝着企业期望的方向发展；相反，不合理和不公正的薪酬则会引导员工采取不符合企业利益的行为，从而导致企业经营目标难以实现。因此，如何充分利用薪酬这一利器来改善企业经营绩效，是企业薪酬管理的一个重大课题。

（2）加强企业文化

薪酬影响员工的工作行为和工作态度，一项薪酬制度可能促进企业营造良好的文化氛围，也可能与企业现有的价值观形成冲突。薪酬的导向作用，要求企业必须建立科学合理并具有激励性的薪酬制度，从而对企业文化的塑造起到积极促进的作用。

（3）有效配置人力资源

薪酬是人力资源配置的有效杠杆。从追求物质利益的角度看，人们一般会愿意到薪酬较高的地区、部门、岗位工作。因此，科学合理地确定薪酬结构和薪酬水平，可以引导组织内的员工向合理的方向流动，最大限度地做到适人适位，促进人力资源的有效配置。

2. 对员工的价值

（1）保障经济

薪酬是员工以自己的付出为企业创造价值而从企业获得的经济上的回报，对于大多数员工来说，薪酬是他们的主要收入来源，它对于劳动者及其家庭的生活所起到的保障作用是其他任何收入保障手段所无法替代的。即使是在西方发达国家，工资差距对于员工及其家庭的生存状态和生活方式所产生的影响仍然非常大。在现代经济条件下，薪酬对于员工的保障并不仅体现在它要满足员工在吃、穿、用、住、行等方面的基本生存需要，同时还体现在它要满足员工娱乐、教育、自我开发等方面的发展需要。

（2）激励

员工对薪酬状况的感知可以影响员工的工作行为、工作态度以及工作绩效，即产生激励作用。企业员工总是期望自己所获得的薪酬与同事之间具有一种可比性，从而得到公平感。如果员工能够获得比他人更高的薪酬，就会认为是对自己能力和所从事工作价值的肯定。当员工的低层次薪酬需求得到满足以后，通常会产生更高层次的薪酬需求，并且员工的薪酬需求往往是多层次并存的，因此，企业必须注意同时满足员工的不同层次薪酬需求。如果员工的薪酬需要得不到满足，则很可能会产生工作效率低下、人际关系紧张、缺勤率和离职率上升、组织凝聚力和员工对组织的忠诚度下降等多种不良后果。

（3）反映社会信号

员工薪酬水平的高低除具有经济保障功能外，还具有信号传递作用。薪酬作为一种信号，可以很好地反映一个人在社会流动中的市场价格和社会位置，又可以反映一个人在组织内部的价值和层次，实际上反映了员工对于自身在社会或组织内部的价值的关注。

二、薪酬结构及管理模式

薪酬管理是现代人力资源管理的组成部分，也是企业高层管理者以及所有员工最为关注的内容，它与人力资源管理其他职能模块相互影响、相互制约。薪酬管理的状况直接关系到企业人力资源管理的效果，对企业的整体绩效产生影响。随着薪酬管理战略地位的提升，它已经与企业发展和人力资源开发战略紧密地联系在一起。

（一）薪酬结构

薪酬结构体系中的各个部分，如基本工资、绩效工资、奖金、津贴与补贴、福利的刚性和差异性都有不同。

1. 基本工资

基本工资具有高差异和高刚性。在企业内部，说明员工之间基本工资差异明显，而且是带有刚性的，且一般只升不降。

2. 绩效工资与奖金

绩效工资和奖金处具有低刚性和高差异性，说明员工的这部分薪酬不是刚性规定的，而是随员工的业绩好坏、工作情况优劣、贡献大小等情况而变化，因而差异性大，而且是随着情况的变化而不断变化，故呈低刚性。

3. 津贴与补贴

津贴和补贴具有低差异性与低刚性。因为它是根据企业效益、工资水平、物价水平等客观环境因素的变化而做出相应调整甚至取消，因而具有低刚性。而且这种薪酬一旦作为一种制度或规定确定下来，一般在相同工作环境和条件的情况下必须享有相同水平的补偿，因而具有低差异性。

4. 福利

福利，即只要是符合基本条件的企业员工都可以享受该利益，故具有低差异性、高刚性。

（二）薪酬管理模式

员工的薪酬设计，其实就是将上述几个组成部分有机地组合起来，以各部分薪酬水平在总体薪酬中所占的比重不同来确定其薪酬设计模式，一般情况下有如下三种典型管理模式。

1. 高弹性模式

在高弹性模式中，员工薪酬的主要组成部分是依据员工在考核期内的业绩情况，即薪酬水平随员工考核内绩效情况的好坏而发生相应变化。在这种模式下，绩效工资和奖金的比重较大，甚至基本工资中都拿出一部分与绩效工资挂钩，如生产工人的计件工资制、销售人员的销售收入到款提成工资制等，以这种考核制度作为计算依据的薪酬管理模式弹性大、激励性强。

2. 高稳定性模式

在高稳定性模式中，员工的薪酬主要取决于企业的经营状况以及员工职位职称的层次、岗位的复杂程度、岗位的责任大小以及工龄的长短等因素，与个人绩效关系不大。员工的个人经济收入相对稳定，薪酬主要体现在基本工资部分，绩效工资和奖金在整体薪酬中所占的比重较轻。这种模式虽有较强的稳定感、安全感，但严重缺乏激励作用，难以调动员工的劳动积极性。

3. 折中模式

在折中模式中，企业既能不断激励员工提高业绩，发挥其工作积极性，实现多劳多得，又能给予员工一定的稳定性和安全感。特别是对于从事一些风险性、挑战性方面工作的员工能提供一些基本的安全薪酬保证，以激励该类员工毫无顾虑、积极努力工作，创造出优良的工作业绩。这是一种较为理想的薪酬管理模式。

三、薪酬管理应遵循的原则

薪酬管理是为实现组织目标，发挥员工的积极性并促进其发展，将员工的薪酬与组织目标有机结合的一系列管理活动。一个合理的薪酬体系不但可以充分体现岗位和员工的价值，还可以起到良好的激励、督促作用，有助于企业更有效地实现战略目标。企业的薪酬管理必须遵循一定的原则，主要包括以下六种。

（一）战略导向

战略导向原则强调企业设计薪酬时必须从企业战略的角度进行分析，制定的薪酬政策和制度必须体现企业发展战略的要求。企业设计薪酬时，必须从战略的角度分析哪些因素重要，哪些因素不重要，并通过一定的价值标准，给予这些因素一定的权重，同时确定它们的价值分配，即薪酬标准。同时，企业在薪酬设计时必须结合企业自身的发展阶段。在企业创立期，薪酬政策关注的是易操作性和激励性；处于高速成长期的企业，制定薪酬政策时，必须考虑薪酬的激励作用；但如果企业处于平稳发展期或衰退期时，薪酬策略又有所不同。

（二）经济性

薪酬管理的经济性原则强调薪酬管理必须充分考虑企业自身发展的特点和支付能力。

从短期看，企业的销售收入扣除各项非人工（人力资源）费用和成本后，要能够支付得起企业所有员工的薪酬。

从长期看，企业在支付所有员工的薪酬及补偿所有非人工费用和成本后，要有盈余，这样才能支撑企业追加和扩大投资，获得企业的可持续发展。

（三）合法性

企业薪酬分配制度必须符合国家的有关政策与法律。为了维护社会经济的持续稳定发展，维护劳动者应取得合法的劳动报酬和必须拥有的劳动权益，我国政府颁布了一系列法规文件。如《中华人民共和国劳动法》《中华人民共和国劳动合同法》《中华人民共和国最低工资规定》《中华人民共和国工资与支付暂行规定》等，这些法律法规在薪酬确定、薪酬水平、薪酬支付等方面明确地提出了一系列薪酬分配与管理原则或相关法律政策规定。

（四）激励性

企业在设计薪酬策略时要充分考虑各种因素，使薪酬的支付获得最大的激励效果。一方面，激励性原则要求企业在薪酬设计时在结构上尽可能地满足员工的实际需要；另一方面，激励原则要求企业在内部各类、各级别的薪酬水平上适当地拉开差距，真正体现按能力、按绩效分配的原则。

（五）内部一致性

内部一致性原则是亚当斯公平理论在薪酬设计中的运用，强调企业在设计薪酬时要"一碗水端平"。内部一致性原则包括横向公平和纵向公平两个方面。

横向公平，即企业所有员工之间的薪酬标准、尺度应该是一致的。

纵向公平（个人公平），即企业设计薪酬时必须考虑到历史的延续性，一个员工过去的投入产出比和现在乃至将来应该基本一致，而且有所增长。这里涉及一个工资刚性问题，即企业发给员工的工资水平在正常情况下只能涨，不能跌，否则会引起员工很大的不满。

（六）外部竞争性

外部竞争性原则强调企业在设计薪酬时必须考虑到同行业薪酬市场和竞争对手的薪酬水平，保证企业的薪酬水平在市场上具有一定的竞争力，能充分地吸引和留住企业发展所需的战略、关键性人才。一般情况下，企业员工的薪酬水平应比行业内的平均薪酬水平高10%左右。这样既不会使企业的负担过重，又可以达到吸引和留住人才的目的。

四、薪酬体系的类型

企业选择以什么作为支付员工薪资报酬的依据，决定了其薪酬体系的总体框架。概括来讲，支付薪酬主要有四种依据，相应地形成当前的四种主流薪酬体系：以职位价值为依据的薪酬体系、以绩效为依据的薪酬体系、以能力为依据的薪酬体系、以市场为依据的薪酬体系。

（一）以职位价值为依据的薪酬体系

以职位价值为依据的薪酬体系是依据职位对组织战略与目标实现的贡献程度大小、承担职位职责的人所需要具备的能力（包括知识、技能和经验等）和工作本身的特性（包括岗位应负责任、解决问题的难度等）来确定支付给员工的薪酬水平。基于职位价值的薪酬体系设计的基础是职位分析与职位评价，不同岗位的工资差别主要是由工作评价结果的不同决定的。采用这种薪酬体系的关键点是要基于企业的战略进行职位价值的排序。

（二）以绩效为依据的薪酬体系

以绩效为依据的薪酬体系是根据任职者在特定岗位上产生的业绩水平和价值贡献的大小确定其薪酬水平，薪酬的组成部分主要包括中期奖励计划以及长期激励计划（股权、奖金等），其中，中期奖励计划是与年度工作业绩、目标实现有关的，长期激励计划与长期工作绩效、目标有关。

使用这种薪酬体系时，关键在于经营者激励与核心人才激励体系（如员工持股方案、股票期权等）设计、利润分享计划、经理人杠杆收购、绩效年薪制设计以及核心人才的薪酬包设计等。这种薪酬体系一般适用于企业高层管理者和职业经理人。

（三）以能力为依据的薪酬体系

以能力为依据的薪酬体系是根据特定职务员工的胜任能力高低（知识、技术、能力的广度、深度和类型）及员工对公司忠诚度的高低来确定薪酬支付水平。基于能力的薪酬体系的设计基础是对员工的工作胜任能力进行评价，即通过衡量与高绩效相关的素质与行为以及基于职业发展通道的任职资格与职业化行为评价来替代对工作产出（绩效）的衡量。这种薪酬体系适合研发、市场等特殊的专业人员。

（四）以市场为依据的薪酬体系

以市场为依据的薪酬体系往往是根据行业标准与劳动力市场的供求状况确定

员工的薪酬水平。薪酬的决定因素主要是员工的经历、稀缺性、独特性等。采用这种薪酬体系时，关键点在于进行市场薪酬调查，依据调查结果和企业的薪酬水平战略决定员工的薪酬水平，且在确定具体员工的薪酬水平时企业和员工要进行谈判。这种薪酬体系一般适用于企业的特殊人才以及可替代人才。

五、薪酬体系设计的流程

设计科学合理的薪酬体系是企业人力资源管理的一项重要工作，薪酬设计的要点在于"对内具有公平性，对外具有竞争力"[①]。目前，多数企业普遍采用以职位价值为基础的薪酬体系，即使对某些岗位采用对能力、绩效付酬，但也都是建立在其职位薪酬体系的基础上。因此，无论建立哪种薪酬体系，都必须先建立好职位薪酬体系。

（一）工作分析

工作分析是确定薪酬的基础。结合公司的总体战略和经营目标，公司管理层要在业务分析和人员分析的基础上，明确部门职能和职位关系，人力资源部和各部门主管合作编写职位说明书。

（二）职位评价

职位评价，又称工作评价，是一种职位价值的评价方法，它是在工作分析的基础上，对职位本身所具有的特性，如职位对企业的影响、职责范围、贡献大小、责任大小、任职条件，进行评价，以确定职位相对价值的过程，它的评价对象是职位，而非任职者，它反映的只是职位相对价值，而不是职位绝对价值。

职位评价重点是解决薪酬的对内公平性问题，有两个目标：一是比较企业内部各个职位的相对重要性，得出职位等级序列；二是为进行薪酬调查建立统一的职位评估标准，消除本企业不同部门之间由于职位名称不同，但实际工作要求和工作内容相同，或职位名称相同，但实际工作要求和工作内容不同等所导致的职

---

① 王知桂. 人力资源管理 [M]. 厦门：厦门大学出版社，2014：258.

位差异，使不同职位之间具有可比性，为确保工资的公平性奠定基础。

（三）薪酬调查

薪酬调查中要解决薪酬对外竞争力的问题。企业在确定工资水平时，需要参考劳动力市场的工资水平。在选择薪酬调查的对象时，要选择与企业有竞争关系的企业或同行业的类似企业，重点考虑员工的流失去向和招聘来源。

常用的薪酬调查方式有以下三种。

一是企业合作式的相互调查。同行业之间以座谈会、问卷调查等方式进行联合调查，共享薪酬资料信息。

二是从公开渠道了解。调查公开的信息是指调查政府公布的信息，有关的专业协会或学术团体提供的数据，报纸、杂志、网络上的数据（仅作为参考）等。此外还可以通过企业的应聘人员了解其原企业的薪酬状况。

三是委托专业机构进行调查。委托现有的管理顾问公司或人才咨询服务公司等行业机构进行调查，通过专业机构调查可以减少企业的工作量，但是要获得这些信息往往要花费较高的费用。

薪酬调查的数据，要有上一年度的薪资增长状况、不同薪资结构对比、不同职位和不同级别的职位薪酬数据、奖金和福利状况、长期激励措施以及未来薪酬走势分析等。只有采用相同的标准进行职位评估，并各自提供真实的薪酬的数据，才能保证薪酬调查的准确性。

（四）薪酬定位

在分析同行业的薪酬数据后，企业需要根据自身状况制订薪酬计划，选用不同的薪酬水平，即进行薪酬定位。影响公司薪酬水平的因素有多种。从公司内部看，盈利能力和支付能力、人员的素质要求是决定薪酬水平的关键因素。企业发展阶段、人才稀缺度、招聘难度、公司的市场品牌和综合实力，也是重要影响因素。从公司外部看，国家的宏观经济、通货膨胀、行业特点和行业竞争、人才供应状况甚至外币汇率的变化，都对薪酬定位和工资增长水平有不同程度的影响。

在制订薪酬计划时，企业需要通过薪酬市场调查，比较企业各岗位与市场上相对应岗位的薪酬水平（这里的薪酬水平指总薪酬水平，包括工资、奖金、福利、长期激励等）。同时，企业也要了解自身财力状况，根据企业人力资源策略，确定企业薪酬水平采用哪种市场薪酬水平。同产品定位相似的是，在薪酬定位上，企业可以选择领先策略或跟随策略。

通常，企业可以实行三种不同的薪酬策略。

一是领先型的薪酬策略。这种薪酬政策下，企业的薪酬水平高于相关劳动力市场的平均薪酬水平。采用这种策略的公司，需要雄厚的财力、完善的管理、过硬的产品来支撑。因为薪酬是刚性的，降薪几乎不可能，一旦企业的市场前景不妙，将会使企业的留人措施变得困难。

二是跟随型的薪酬策略。即企业的薪酬水平与相关劳动力市场的平均薪酬水平大致相当。

三是滞后型的薪酬策略。即企业的薪酬水平落后于相关劳动力市场的平均薪酬水平。

（五）薪酬结构设计

薪酬结构，又称工资结构，设计是建立在企业职位评价结果和薪酬政策线基础之上的一个关键步骤。薪酬结构包括针对每一职位或职位等级的工资范围，如中点工资、最高工资、最低工资和工资范围系数。这使得企业能够建立起对工资进行管理的结构，并使企业能够针对从事相同工作但拥有不同能力水平和工作绩效的员工给予不同报酬。

目前国际上通行的工资结构往往包括传统的职位等级结构和宽带结构。

1. 传统职位等级结构及薪点表设计

传统的职位等级结构表现为等级多，一般大型企业的职位等级有的多达 17 级以上，中小企业多采用 11~15 级。这些复杂的等级调整不但增加了大量的行政管理工作，而且员工为了提高工资，将注意力集中在级别调整而不是自身能力的提升，这样组织中容易滋生出很强的官僚主义和功利主义。另外，在传统的薪酬结构中，各薪酬等级之间的级差小，对员工的激励作用不大。

薪点表是建立企业内部工资等级结构的一个纵向坐标系，即将企业内的工资水平从低到高划分为若干薪等，再将每个薪等划分为若干薪级。

级差和等差。相邻薪级之间的差距为级差，不同薪等内部的级差往往是不同的。薪等越高，薪点的数量越大，那么级差也就越大，这样就符合激励的基本原则。下一个薪等的最高一个薪级与上一个薪等的最低一个薪级之间的差距为等差。等差可以与下一个薪等内的级差相等，也可以比这个级差大。它也往往随着薪等的上升而增加。

薪点表设计的关键是要确定薪点表的起点和每个等级内部的级差，在确定了这两个基本变量之后就可以确定企业内部薪酬的坐标系，这个坐标系的最高薪级必须能够涵盖企业内部的最高工资水平。

2. 宽带工资结构

宽带工资结构是相对于传统的职位等级工资结构提出来的，是指将传统职位等级结构中的几个相邻等级合并为一个等级，从而使每一等级的工资范围变得更大的一种工资结构设计方法。

宽带工资结构离不开人力资源管理的两种发展趋势。

一是组织的扁平化趋势。现代企业为了提高对外部环境的反应速度和能力，降低企业的决策重心和缩短企业的决策链条，在进行组织变革时越来越强调组织的扁平化，即缩减企业的管理层级，使组织从原来的众多层级变为少数几个层级，这样的组织为员工提供的晋升机会相对较少，提供的职业生涯通道相对较短。为适应这种变化，企业的工资结构也必须由原来众多的工资等级转变为少数几个工资等级，这样就出现了工资结构的宽带化。

二是大规模的职位轮换。现代大型组织越来越需要复合型人才，为培养具有多种技能和经验的复合型人才，组织必须展开大规模的职位轮换。为使企业的工资体系适应职位轮换带来的冲击，在职位轮换时不需要频繁改变人员的工资水平，只需要将原来许多处于不同等级的职位合并到同一职位等级。

宽带工资的设计主要包括以下五项工作。

第一，要确定宽带的数量。首先企业要确定使用多少个工资带，在这些工资带之间通常有一个分界点。每一个工资带对人员的技能、能力的要求都是不同的。宽带工资一般只采用 4~8 个职位等级，而且职位等级的划分更多地与组织内部的管理层级相联系。具有相同或相似职位名称或职位头衔的职位往往被划分到同一职位等级，如总监、部门经理、主管和专员等。

第二，要根据不同工作性质的特点及不同层级员工需求的多样性建立不同的薪酬结构，以有效地激励不同层次员工的积极性和主动性。比如，同样是专员级别，财务部门专员的薪酬水平可能就要高于行政部门的专员，即财务专员的薪酬宽带要高于行政专员的薪酬宽带。而要确定财务专员的薪酬水平比行政专员高多少，往往有以下两个标准：一是不同职能部门对企业战略的贡献，战略贡献越大，薪酬水平越高；二是不同职能人员的市场价值高低。

第三，要确定宽带内的薪酬浮动范围。根据薪酬调查的数据及职位评价结果来确定每一个宽带的浮动范围以及级差，同时在每一个工资带中，每个职能部门根据市场薪酬情况和职位评价结果确定不同的薪酬等级和水平。

第四，宽带内横向职位进行轮换。同一工资带中薪酬的增加与不同等级薪酬的增加相似，在同一工资带中，鼓励不同职能部门的员工跨部门流动以增强组织的适应性，提高多角度思考问题的能力。因此，职业的变化更可能的是跨职能部门，而从低宽带向高宽带的流动则会很少。

第五，要做好任职资格及工资评级工作。宽带虽然有很多优点，但由于经理在决定员工工资时有更大的自由，人力成本有可能大幅度上升。为了有效地控制人力成本，抑制宽带薪酬模式的缺点，在建立宽带薪酬体系的同时，还必须构建相应的任职资格体系，明确工资评级标准及办法，营造一个以绩效和能力为导向的企业文化氛围。

（六）薪酬体系的实施与修正

薪酬体系制定以后，投入正常运作的基础和前提是企业应建立客观、科学的绩效考核机制，对各层级员工的工作绩效等进行认真的考核评估。在制定和实施薪酬体系过程中，及时的沟通、必要的宣传或培训是保证薪酬改革成功的因素之一。本质上，劳动报酬是对人力资源成本与员工需求之间进行权衡的结果。人力资源部可以利用薪酬制度问答、员工座谈会、满意度调查、内部刊物甚至 BBS 论坛等形式，充分介绍公司的薪酬制定依据。为保证薪酬制度的适用性，公司需要对薪酬的定期调整做出相关规定。

薪酬制度的调整一般包括以下六方面。

1. 工资定级

工资定级是对原本没有工资等级的员工进行工作等级的确定。包括对试用期满或没有试用期但办完入职手续的新员工工资的定级；对原来没有的岗位或没有在企业中聘任的军队转业人员的工资定级；对已工作过但新调入企业的员工的工资定级等。

2. 物价性上涨调整

物价性调整是为了补偿物价上涨给员工造成的经济损失而实施的一种工资调整法。企业可以建立员工工资水平与物价指标自动挂钩的体系。在保持挂钩比例稳定的同时，实现工资水平对物价上涨造成损失的补偿。

3. 工龄性调整

如果企业的薪酬构成中包含了工龄工资，那么随着时间的推移和员工在本企业工龄的增加，要对员工给予由于工龄增加所带来的提薪奖励。工龄性调整是把员工的资历和经验当作一种能力和效率予以奖励的工资调整方法。

4. 奖励性调整

奖励性调整一般是用在当一些员工做出了突出的成绩或重大的贡献后，为了使他们保持这种良好的工作状态，并激励其他员工积极努力，向他们学习而采取的薪酬调整方式。

5. 效益性调整

这是当企业效益提高时，对全体员工给予等比例奖励的薪酬调整方法，类似于利润分享制度。由于分配上采用平均主义原则，它对员工的激励作用是有限的，特别是对企业发展做出巨大贡献的关键员工，他们的积极性会大大受挫；而偷懒的员工却一样可以"搭便车"，奖金照拿不误。

6. 考核性调整

考核性调整是根据员工的绩效考核结果，每达到一定的合格次数即可以提升一个薪酬档次的调整工资的方法。

第二节　员工福利与管理优化

一、员工福利基本知识

（一）员工福利的内涵与特征

从企业管理的角度来讲，员工福利是指企业在薪酬之外为员工提供的各种形式的待遇。薪酬是对员工劳动的直接回报，而员工福利就是其劳动的间接回报。有效的员工福利是薪酬的有益补充。

员工福利主要有以下五个特征。

一是均等性。企业内履行了劳动义务的员工，都可以平均地享受企业的各种福利，而且只要是在规定的范围内，所有都是平均的，不存在倾斜性。

二是集体性。企业兴办各种集体福利事业，员工集体消费或共同使用共用物品等是企业员工福利的主体形式，也是企业员工福利的一个重要特征，体现了它是一起进行的，不存在单一进行的特例。

三是补偿性。企业员工福利是对劳动者为企业提供劳动的一种物质性补偿，等同于员工工资收入的一种补充形式，是额外的保障。

四是多样性。企业员工福利的给付形式多种多样，包括现金、实物、带薪休假以及各种服务，而且可以采用多种组合方式，要比其他形式的报酬更为复杂，更加难以计算和衡量，最常用的方式是实物给付形式，并且具有延期支付的特点，这与基本薪酬差异较大，会把各种公司人性化的色彩带入进来。

五是人性化。员工福利贴近员工生活，都是员工在生活与工作中最需要补助的，很贴切员工本身的需求。

（二）员工福利的价值

一是吸引优秀员工。良好的员工福利有时比高工资更能吸引优秀员工。

二是提高员工士气。良好的员工福利解决了员工的后顾之忧，使员工可以把更多的精力投入工作中，提高劳动生产率。

三是激励员工。良好的员工福利不仅体现企业对员工的关怀，也能增强员工对企业的满意度，从而激励员工与企业共同发展。

四是降低员工流失率。良好的员工福利有助于提高员工的忠诚度和归属感，势必降低流失率。

五是提高经济效益。良好的员工福利有利于吸引和保留优秀员工，提高员工士气，激励员工，必然会提高企业的经济效益。现在越来越多的企业都非常关注员工福利，愿意花费相当成本不断完善员工福利体系，就是希望通过提供良好的员工福利向员工传递企业的长期承诺，实现企业与员工的共同发展。

二、员工福利的主要形式

企业员工福利是企业薪酬体系的一个重要组成部分，是企业以福利的形式提供给员工的报酬。员工福利是一个复杂的系统，主要有法定福利和企业福利两种形式。

（一）法定福利计划

法定福利是国家通过立法强制实施的对员工的福利保护政策，包括社会保险和各类休假制度。

1. 社会保险

社会保险，是指按照互助共济原则，通过依法强制设立社会保险基金，使劳动者在暂时或永久失去劳动力或中断工作期间获得一定的收入补偿，以保障其能够维持基本生活水平。社会保险是现代社会保障体系的核心内容和主体部分。社会保险是一项缴费型保障机制，以"权利和义务相对应"为基本原则，即劳动者必须尽到缴纳保险费的义务，才有权利享有收入补偿的保障权利。

社会保险主要包括下面五个类型。

（1）养老保险

社会养老保险是国家依据相关法律法规规定，为解决劳动者在达到国家规定的解除劳动义务的劳动年龄界限或因年老丧失劳动能力而退出劳动岗位后而建立的一种保障其基本生活的社会保险制度。目的是以社会保险为手段来保障老年人的基本生活需求，通过企业和劳动者个人强制或资源缴费建立保险基金，受益人在退出社会劳动后自动以缴费记录和工作年限为依据享有养老金，从而为其提供稳定可靠的生活来源。

社会养老保险已经成为世界各国普遍推行的一项最基本的社会保障，可大致分为投保资助型养老保险、强制储蓄型养老保险和国家统筹型养老保险三种。

（2）医疗保险

社会医疗保险是国家通过立法形式强制实施，由雇主和个人按一定比例缴纳保险费，建立社会医疗保险基金，支付雇员医疗费用的一种医疗保险制度。这种保险旨在为员工分担疾病风险及其带来的经济损失而建立的社会保障制度。大多数国家都以"预防为主，确保国民健康"为宗旨，坚持"全面参与，强制加入"的原则，推行国家医疗保险、社会医疗保险、商业医疗保险、储蓄医疗保险以及社区合作医疗保险等多种运作方式。

（3）生育保险

生育保险是国家通过立法，筹集保险基金，为保障妇女工作者就业、给予其收入补偿，保障优生优育、确保劳动力再生产和提高人口素质，国家普遍实行的社会保险制度。但是通常情况下，生育保险对象主要是已婚妇女工作者，但也不排除家庭也分享到一定的待遇。因为生育社会保险虽然主要是生育活动引起的收入损失，但生育保障的是劳动力的扩大，而家庭就是劳动力扩大至再生产的基本单位和实现形式。

（4）工伤保险

工伤保险，又称职业伤害保险，是国家以立法形式对在经济活动中因工伤致残或因从事有损健康的工作患职业病而丧失劳动能力的劳动者，包括突发性工伤事故和因工作环境条件造成的职业疾病，以及对职工因工伤死亡后无生活来源的遗属提供物质帮助的社会保险制度，以保障他们能够维持基本社会状态。

工伤保险制度由工伤保险基金、待遇给付和工伤或职业病认定三部分构成。待遇项目主要包括工伤医疗费用，根据劳动能力丧失程度确定的伤残补助金、伤残津贴、伤残护理费，因工伤死亡劳动者直系亲属领取的丧葬补助金、供养亲属抚恤金和一次性工伤死亡补助金等。享受工伤保险待遇的主要条件是职工在工作时间、工作区域内，因工作发生意外事故伤害或患职业病。

（5）失业保险

失业保险是指国家通过立法，强制建立社会事业保险基金，对暂时丧失就业机会或中断生活来源的劳动者提供帮助的社会保险制度。

失业津贴大致有三种给付方式，即按失业前工作的一定比例给付，或按既定的月数额给付，或是按月绝对金额加月工资的一定比例给付；若失业津贴给付期结束后仍未找到工作，则改为给付仅能保证最低生活的失业救济金；补充失业津贴按被抚养的直系亲属人数设计，经严格的经济情况调查酌情给付。失业津贴给付的等待期和享受期，国际劳工组织分别确认为失业后 3~7 天和 78~156 个工作日，一般与失业期限及失业保险费缴纳期限呈正相关。

2. 法定休息

法定休息时间是指企业职工依法享有的休息时间。在法定休息时间内，职工仍可获得与工作时间相同的工资报酬。我国《劳动法》规定职工享有的休息休假待遇包括以下六个方面：劳动者每日休息时间；每个工作日内劳动者的工作、用膳、休息时间；每周休息时间；法定节假日放假时间；带薪年休假休息；特殊情况下的休息，如探亲假、病假休息等。

（二）企业福利计划

企业福利计划，是指企业自主建立的，为满足职工的生活和工作需要，在工资收入之外，向员工本人及家属提供的一系列福利项目，包括货币津贴、实物和服务等形式。企业福利计划比法定福利计划种类多，也更加灵活。

1. 企业年金

企业年金计划，又称职业年金计划、雇主年金计划、私人年金计划或者个人账户养老基金计划，是指企业及其员工在公共年金基础上自愿建立的一种补充性养老金计划。企业年金主要由企业和职工共同缴纳，企业缴费按国家有关规定执行，员工个人缴费可以由企业从职工个人工资中代扣。企业缴费每年不超过本企业上年度职工工资总额的 1/12，企业和职工合计缴费一般不超过本企业上年度职工工资总额的 1/6。职工达到国家法定退休年龄时，可以从本企业年金个人账户中一次或定期领取企业年金。职工变动单位时，企业年金个人账户可以随同转移。

目前，实现企业年金计划的行业主要集中在铁路、民航、电信、电力、石油和邮政等垄断性行业，除少数地区出台了具体实施办法外，大部分地区和行业都没有出台相应的政策和办法。

2. 员工健康保障

员工健康保障计划，是指在社会基本医疗保险基础上，企业为员工提供团队人寿保险、意外伤害保险和健康保险，以及医疗费用开支和医疗保健服务的一种补充性医疗健康保障计划。团体人寿保险是以团队为对象，以团体的所有成员或者大部分成员为被保险人的一种人寿保险。在合同保险有效期内，被保险人员因为疾病或意外事故而死亡以及失踪或责任事故伤残，其受益人（团体保险成员的家属）都可以得到保险赔付，具有抚恤性、储蓄型和返还性。团体意外伤害保险是以团体成员意外伤害事件为目标的一种团体保险项目，在合同保险有效期内，被保险人因遭受非本意的、外来的、突然发生的或非疾病的意外事故，致使身体残疾或死亡的，其受益人都可以得到保险赔付，这种保险覆盖面较广，价格费用低，操作相对简单。

3. 员工援助

除了以货币形式提供的福利以外，企业还为员工或员工家庭提供旨在帮助员工克服生活困难和支持员工事业发展的直接服务的福利形式为员工援助。主要有三种形式。

一是员工援助计划。这是一种治疗性福利措施，针对员工酗酒、赌博、吸毒、家庭暴力或其他疾病造成的心理压抑等问题提供咨询和帮助的服务计划。

二是教育援助计划。是通过一定的教育或培训手段提高员工素质和能力的福利计划，分为内部援助和外部援助计划。前者主要是在企业内部进行培训，开设一些大学课程，有能力的企业自己可开办大学培训员工。后者是对到社会上的机构，如大学或其他培训组织接受培训的员工的学费给予适当补偿的福利。

三是家庭援助计划。这是企业向员工提供的照顾家庭成员的福利，主要是照顾老人和儿童。多项调查都表明，提供老年人照顾和儿童看护服务的企业，员工的缺勤现象大大减少，劳动生产率也有一定程度的提高。

4. 弹性福利

弹性福利是由员工自行选择福利项目的福利管理模式，指企业在核定的人均年度福利预算范围内，提供多种福利项目供员工自主选择，由员工根据本人及其家庭成员的需要自主选择福利产品或产品组合。该计划也被称为菜单式福利、自助餐式福利或自选福利等。

弹性福利计划能满足员工在不同阶段的个性化福利需求，提高员工对福利价值的感受度和体验值，还能帮助企业有效控制企业的福利成本，更好发挥福利的激励作用，引导员工的福利使用行为。

除了上述福利计划外，企业还可为员工提供交通服务、健康服务、旅游服务和餐饮服务等福利项目。一些企业为员工上下班提供交通费补贴，如公交汽车、地铁和火车的月票费用，还有的企业提供上下班的班车接送服务。

以上所论述的福利计划都属于全员性的福利计划，即所有员工都可以平等享受的福利。事实上，企业还有为不同职位和不同需求的员工提供的特种福利和特困福利。特种福利是指针对企业中的高级人才设计的，如高层经营管理人员或具有专门技能的高级专业人员等，这种福利的依据实际上是贡献率，是对这类人员的特殊贡献的回报。特困福利则是指针对特别困难的员工及其家庭提供的，如工伤残疾、重病员工的生活补助等，主要以员工的需要为基础进行分配。

三、员工福利管理及其优化

（一）员工福利管理的内涵与价值

员工福利管理是指企业在相对稳定的货币工资之外，为员工及其家庭提供辅助性货币、实物、服务等，帮助员工解决将来生活中可能出现的潜在问题，保证企业内部员工的生活质量，增强员工对企业忠诚度，是现代企业员工总体薪酬的三大支柱之一。

对于企业而言，员工福利的主要价值就是吸引和留住核心人才，一个切实站在员工角度上考虑的福利制度能够提升员工工作积极性及对企业的忠诚度，充分体现企业对于员工的重视，增强员工的归属感及满意度，从而带来企业效益的持续提高；同时，良好的员工福利有利于企业价值观和企业文化的落地以及企业品牌影响力的提升。

对于员工而言，员工福利是员工总体收入的一部分，一个切实从员工自身诉求出发的福利制度，首先有助于有效提高员工的实际收入，降低生活成本，同时也能得到更多情感方面的满足。

（二）员工福利管理现状分析

1. 认识片面化

诸多企业对自身员工福利制度建设的重视度不够，对其有效性和合理性认识不足，仅仅是根据各级政府的要求，被动制订员工福利方案。然而，在目前经济不断发展，人民生活水平不断提升的形势下，单一的工资激励已无法满足员工个人多样的需求。工资体现员工的岗位价值及绩效表现，福利更多体现企业对员工的关怀与重视，更能传导企业的管理理念与企业文化，也更容易提升员工的忠诚度及企业的品牌影响力。

2. 模式陈旧化

有些企业受限于管理体制及传统管理思想的影响，均沿用很多年前的管理项目及管理办法，由企业主导，缺乏员工参与，福利项目的设置不能与不断发展的社会经济及员工需求相匹配，员工将其视为受国家法律保护的个人权利，感受不到企业对员工的用心，导致员工满意度及工作积极性得不到提升。

3. 激励性弱

目前由企业主导的管理模式有利于企业进行统一管理、简化薪酬制度的实施过程，但是福利计划与员工的实际需求存在较大出入，体现为"普适化"及"平均化"，对于绩效表现好的核心骨干员工也没有特殊的福利待遇来体现公司对该类人员的重视，容易引发员工的不满。同时，在实施过程中缺乏与员工的有效沟通，员工甚至都说不出企业为自己设置了哪些福利项目，更谈不上感受企业对员工的关爱，因此，即使企业因此付出巨大成本，但员工却未必认同，福利与员工需求脱节，严重影响到福利激励作用的发挥。

4. 成本控制不当

有些企业在制定福利政策上缺乏远见，往往随波逐流，根据市场行情来确定福利待遇，没有综合考虑外部环境及自身承受力等因素，在公司的发展中日益难以承受。或者企业为了摆脱竞争压力，又会采取削减福利的形式来减缓，这就造成恶性循环。而员工意识到福利待遇下降时，对企业的信任度、忠诚度和归属感会下降，出现人才流失现象。

（三）员工福利管理的优化策略

在目前竞争激烈的市场中，企业注重福利管理的不断优化尤其重要，企业需要不断转变福利观念、建立福利创新机制、加强宣贯与沟通，做好福利成本控制，设身处地地为员工考虑，充分重视员工的生活状况与发展需求，提升员工的生产积极性及企业忠诚度，进而促进企业效益提升及健康发展。

1. 转变管理观念

首先，现代企业要能够意识到福利是对未来的一项长期投资活动，员工福利的收益形式较多，企业不能只关注短期收益；其次，企业在制订福利计划时，要能够适当拉开层次，充分体现个人价值；最后，企业要能够将福利与员工绩效结合起来，激励员工以自己的努力来获得更为丰富的福利待遇，充分激励企业的优秀员工及核心员工。这样有助于凝聚人心，增强员工的归属感，激发其工作积极性，利用科学的福利待遇来吸引员工，最终获得丰厚的回报。

2. 建立创新机制

员工福利机制是企业员工福利管理的基础，在员工管理中的地位越来越重要，一个好的福利机制不仅能够满足企业员工的福利诉求，提高员工的满意度和归属感，而且有利于提高企业的核心竞争力，体现企业对于员工的人性化管理，放大企业的福利效用。

一是制订福利计划。企业要根据自身实际，在企业经营状况允许的前提下，通过福利需求调查，了解员工福利诉求，掌握员工"痛点"，为员工提供尽可能丰富的，切实解决员工实际问题的福利产品。在福利计划制定的过程中要鼓励员工积极参与，这样能使员工在情感上与公司更融为一体，更有归属感，进一步提升满意度，而且对于最终的福利项目的确定也更容易理解与接受，给予好的评价。

二是制定差异化的福利分配规则。从员工资历、绩效表现、对公司的贡献度等多个维度进行综合评估并与福利层级相对应，初步确定员工的福利水平和层级。

三是引导员工正确使用。引导员工根据自身的福利层级和企业提供的福利产品，结合自己的实际需求进行选择性使用。

四是福利反馈与持续优化。企业根据自身福利制度的实施状况和员工反馈，对企业福利计划进行不断调整，适应不断变化的经济发展及个人需求。

3. 加强宣传与沟通

有时企业为员工投入了很多福利成本，员工却根本意识不到，这一方面是由于企业提供的福利没有真正满足员工的诉求；另外一方面就是我们的宣贯与沟通没有到位，比如企业年金，对于年轻的员工来说，退休还太遥远，如果企业不主动宣传，员工可能并没有真正了解自己所享受的福利待遇，也意识不到企业对他们的关怀，激励与保留就更无从谈起。因此，企业要积极做好员工福利待遇宣传工作，可以通过信息网络平台、组织宣贯会、发放宣传手册以及员工年度总收入告知等多种方式进行宣传与沟通，使员工真正了解国家的法定福利待遇及企业所赋予的福利待遇，从而使员工了解企业的用心与付出，调动员工对企业的认同感及工作积极性。

4. 做好成本管控

福利成本在人工成本中的占比近年来有逐步提升的趋势，如果企业不采取有效的控制措施，那么巨大的支付将会影响到企业的市场竞争力。企业必须结合自身的经济状况，将福利成本控制在合理范围内，避免浪费，降低管理成本，提高福利管理效率，节约企业支出。在福利计划设计时既要考虑企业内部的公平性和激励性，同时要考虑外部市场的竞争力，企业要根据自身的发展阶段及承受能力，合理确定在外部市场中的定位。而且，即使要领先，也不一定实施全线领先的员工福利策略，针对员工的诉求痛点，进行单点突破，也会收到很好的效果。此外，关注对员工福利预期的管理，鼓励员工通过自身努力去获取更高层级福利水平。

综上所述，员工福利管理在人力资源管理中的地位越来越重要，一个好的福利机制不仅能够满足企业员工的福利诉求，提高员工的满意度和归属感，而且有利于提高企业的核心竞争力，体现企业对于员工的人性化管理，放大企业的福利效用。因此，应加强企业员工福利管理，有效控制员工福利中存在的问题，充分发挥福利激励作用，同时不断进行优化完善，帮助企业吸引人才并留住人才，最终促进企业的稳健发展。

第三节　劳动关系的建立、履行与终止

一、劳动关系基本理论知识

（一）劳动关系的内涵

劳动关系是指劳动者与所在用人单位在实现劳动过程中建立的社会经济关系。在不同国家或不同体制下，劳动关系又被称为"劳资关系""劳工关系""雇佣关系""员工关系""劳使关系"等。[1] 作为劳动者和劳动力使用单位之间的社会经济关系的表述，"劳动关系"是一个最为宽泛和适应性最强的概念。

劳动关系是依据劳动法律、法规而确立和调整、形成的劳动法律关系。法律关系的构成要素是主体、客体和内容。同样，劳动关系的内容包括上述三个方面。

---

① 王知桂. 人力资源管理 [M]. 厦门：厦门大学出版社，2014：304

一是劳动关系的主体。狭义上讲，劳动关系的主体包括两方：一方是劳动者或劳动者的组织（如工会），另一方是用人单位及其代理人（管理方）。

二是劳动关系的客体。是指劳动关系主体双方的权利和义务共同指向的事物，如劳动时间、劳动报酬、安全卫生、劳动纪律、福利保险、教育培训、劳动环境等。

三是劳动关系的内容。是指劳动关系主体双方依法享有的权利和应承担的义务。

劳动关系双方的权利和义务是对应的。劳动者的权利就是企业、事业单位、国家机关、社会团体及个体经济组织等用人单位的义务。对应地，劳动者的义务就是企业、事业单位、国家机关、社会团体及个体经济组织等用人单位的权利。我国《劳动法》第四条，强调了用人单位的义务是"用人单位应当依法建立和完善规章制度，保障劳动者享有劳动权利和履行劳动义务"。

（二）劳动关系的特征

我国劳动法律、法规规定的劳动关系，主要有以下六方面的特性：

1. 法律上的平等性

劳动关系主体之间具有法律上的平等性。劳动关系主体双方在法律面前享有平等的权利，劳动者向用人单位提供劳动或服务，用人单位向劳动者支付劳动报酬，双方在平等自愿的基础上建立劳动关系。

2. 客观上的隶属性

劳动关系主体之间又具有客观上的隶属性。劳动者作为用人单位的成员，在实现劳动过程中理所当然地要遵守用人单位的规章制度，服从用人单位的管理，双方形成领导与被领导的隶属关系。

3. 产生于劳动过程之中

劳动关系产生于劳动过程之中。劳动者只有与用人单位提供的生产资料相结合，在实现劳动过程中才能与用人单位产生劳动关系，没有劳动过程便不可能形成劳动关系。

4．排他性

指劳动者与用人单位间的劳动关系具有排他性。劳动关系只能产生于劳动者与用人单位之间，劳动者与其他社会主体之间发生的社会关系不能称为劳动关系。同时，作为自然人的劳动者，在一般情况下，同一时期只能与一个用人单位签订劳动合同、建立劳动关系，不能与第二个用人单位同时建立劳动关系。至于现实社会中存在的灵活就业者，比如作家、自由撰稿人、小时工等，他们可以和不同的用人单位建立劳务聘用关系或非全日制用工形式的劳动关系。

5．是一种劳动管理关系

用人单位与劳动者建立劳动关系，是为了实现劳动过程，为社会生产或社会产品提供服务。劳动者的劳动成果归属于用人单位，也就是说，劳动者是在用人单位组织指挥下，为了最终实现用人单位的利益而劳动的。相应地，用人单位必须为劳动者实施劳动提供有利条件和物质保障，并向劳动者支付合理的报酬。

6．具有国家意志和当事人意志相结合的双重属性

劳动关系是依据劳动法律规范规定和劳动合同约定形成的，既体现了国家意志，又体现了双方当事人的共同意志。我国劳动法律法规对用人单位和劳动者的权利、义务做了明确的规定，体现了国家对劳动关系的强制干预性质，同时当事人双方对劳动关系的具体事项可以在平等协商、自愿的基础上约定劳动合同，体现了契约自由的本质属性。

（三）劳动关系的类型

1．以职权结构为依据的划分

按照分配工作任务的方式、监督雇员行为的方法和奖惩方法为标准，可将劳动关系分为独裁型、集权型、自主型三类。

（1）独裁型

即高层管理人员直接分配工作任务，亲自监督，经常"武断地"做出奖惩决定。

（2）集权型

即雇员按订立的制度与规程行事，有明确的工作角色，管理者根据雇员是否

遵守企业的制度与规程监督、奖惩雇员。

（3）自主型

也称人力资源管理型，即雇员被赋予高度自主权并参与决策，管理者以工作绩效作为监督、奖惩的依据。

2. 以管理理念为依据的划分

管理方的价值观与目标在管理实践中体现为核心的管理理念，以此为标准，可将管理方主导的劳动关系分为剥削型、宽容型、合作型三类。

（1）剥削型

这种劳动关系下，管理者不关心雇员的需求，其目标是以最低的工资换取最大量的雇员劳动。

（2）宽容型

即管理者意识到雇员的某些需求是法律认可的，从而提供合理的报酬与就业条件。

（3）合作型

这种劳动关系下，管理者充分考虑雇员福利，实施各种计划以赢得员工对企业的忠诚，培养员工对企业的献身精神。

3. 以双方力量对比和政府影响程度为依据的划分

根据管理方和劳动者双方力量和权力的对比及政府政策、法律等的影响程度，可以将劳动关系分为倾斜型、均衡型和政府主导型三种。

（1）倾斜型

指劳动关系双方力量相差悬殊，该类型又可分为两种情况，即向管理方倾斜或向员工倾斜，在当今世界经济中，以前者较为普遍。

（2）均衡型

指劳动关系双方力量相差不大，能够相互制衡，在相同的法律制度下，员工及工会有权了解组织内部信息，参与组织的基本生产决策与经营管理。

（3）政府主导型

即政府控制劳动关系力量，决定劳动关系事务。如在计划经济国家——新加坡等较为典型。

（四）构建和谐劳动关系的价值与途径

1. 构建和谐劳动关系的价值

构建和谐劳动关系，是协调用人单位和劳动者劳动关系的需要，也是深化企业改革和维护社会稳定的需要。因此，构建和谐劳动关系工作既是一项长期的，也是一项紧迫的重要工作。

其价值主要体现在以下三方面。

（1）政治价值

由于我国企业改革深化以及经济结构调整，劳动关系的变化巨大，带来了双方利益关系的变化，也就不可避免地产生劳动关系双方在权利和利益上的矛盾，有时甚至会比较激烈。不管从政府部门维护社会稳定而言，还是从各类企业做好人力资源管理、提升企业效益的角度而言，都需要构建和谐劳动关系，积极预防和化解矛盾，完善法制建设，维护社会稳定。

（2）经济价值

构建和谐劳动关系可以保障企业与员工互相的选择权，通过适当的人才流动实现生产要素的优化配置，并且可以稳定职工队伍，促使企业和员工形成利益共同体、事业共同体、命运共同体，提高劳动生产率和企业经营效益，实现企业与员工的共赢。

（3）社会价值

通过规范和调整劳动关系，健全劳动力市场运行秩序，建立健全市场就业机制，改革收入分配机制，让劳动者获得应有的尊重和回报，使人们安居乐业，改变人们投机取巧的功利心态，改变社会不良风气，促进社会各方面关系协调发展、共同繁荣。

2. 构建和谐劳动关系的途径

和谐的劳动关系对于促进企业稳定发展和社会稳定都有十分积极的意义，而构建和谐劳动关系的途径可以从以下四方面入手。

（1）不断健全法律法规

劳动争议的产生在很大程度上是因为相关法规不健全。当企业各方因利益冲突而产生矛盾时，常常无法可依，无所适从。所以，应通过完善法律法规，明确企业、劳动者等各方的权、责、利，建立起比较完备的劳动关系调整法律体系，为建立新型劳动关系调整体制提供法律支撑。

（2）加强发挥工会及企业党组织的作用

工会与企业党组织可以代表职工与企业协调劳动关系，兼顾职工与企业的利益，避免矛盾激化。

（3）施行现代管理手段

在长期的改革和管理实践中，我国许多企业积累了不少行之有效的管理方法，例如全面质量管理、员工建议制度、发明奖励制度、目标管理制度等。一般说来，这些管理方法是主张员工与组织合作的，是对员工才能和地位的承认，有利于提高员工的主人翁意识。

（4）提高员工的"工作—生活"质量

提高员工的"工作—生活"质量是改善劳动关系的根本途径。主要内容包括参与职务设计和全面管理，周期性安排"培训—工作—休息"，满足个人的特殊要求，使职工在工作中认识到生活的真正意义。

二、劳动关系管理内容

（一）劳动合同管理

劳动合同是企业与劳动者建立劳动关系的合法途径，是企业进行劳动关系管理和人力资源管理的重要手段和工具，也是处理劳动争议的重要依据。因此，在企业的劳动关系管理中，无不把劳动合同管理放在首要的位置。我国法律对劳动合同的订立、履行、变更、解除和终止都有较为严格的规定，但在实践中，不订立劳动合同或订立无效劳动合同，违法履行、变更、解除或终止劳动合同的现象不计其数，因此发生的劳动争议案件占据越来越大的比重，企业也越来越重视劳动合同的规范管理。

（二）企业用工管理

企业用工管理主要是指企业从员工招聘、录用后的试用期管理到员工的培训管理、保守商业秘密和竞业限制管理等。虽然企业在招聘阶段尚未与劳动者建立劳动关系，但由于招聘过程是建立劳动关系的必经阶段，与劳动关系管理有着密不可分的关系，《劳动法》《就业促进法》等劳动法规对用人单位在招聘过程中的权利义务都有一些重要规定。因此，从企业招聘、录用阶段开始，到用工过程中的劳动纪律管理、试用期、培训与服务期、商业秘密与竞业限制等的约定，都需要依照我国有关劳动法律法规来执行。

（三）劳动基准管理

劳动基准规范是劳动法律法规中的一个重要部分，主要包括工作时间、休息休假、工资、劳动条件和劳动保护等方面的劳动标准体系。对于企业来说，这些内容构成了企业劳动关系管理的基本内容和企业规章制度的主要部分。

（四）集体合同和集体协商制度

集体合同和集体协商制度所涉及的是企业的集体劳动关系，它通过劳动者团体与企业方就劳动条件和劳动标准进行谈判协商、签订劳动合同的方式，调整劳动者团体与企业方的相互关系，是劳动关系调整机制中的重要环节。在我国，集体协商和集体合同制度是作为企业劳动关系管理的基本制度存在的。虽然就目前来看，其立法与实践均存在很多不足，但这一制度必将成为企业劳动关系管理的重要环节和内容，是企业创建和谐劳动关系的重要制度。

（五）社会保险制度

社会保险制度不仅是关系到用人单位和劳动者双方权利义务的关系问题，更是一个社会范围内关系到劳动人民的基本生活和社会稳定的大事情。我国的社会保险制度和相关立法正在日益完善中，反映到企业实践，为劳动者缴纳各项国家强制性的社会保险是企业的义务，其项目包括养老保险、医疗保险、工伤保险、失业保险和生育保险。

（六）劳动争议处理

劳动争议是企业劳动关系管理中必然会遇到的问题，劳动争议处理制度也是我国劳动立法中的重要组成部分。当企业与劳动者之间发生劳动争议时，企业应如何处理，我国对劳动争议的处理机构、程序、原则、受案范围等方面具体有哪些规定，对企业的劳动关系管理者来说都是必须了解和掌握的基本内容。

（七）非标准劳动关系

"非标准劳动关系"，与标准劳动关系相对应，指非全日制用工和劳务派遣等。非标准劳动关系逐渐成为当代劳动关系新的发展趋势，也是企业用工形式多样化所带来的新的劳动关系管理问题。我国劳动立法已开始注意并重视对这一领域劳动关系的规范。

三、劳动关系的建立——劳动合同

劳动关系建立根据《中华人民共和国劳动合同法》（以下简称《劳动合同法》）第7条的规定，用人单位自用工之日起与劳动者建立劳动关系。该法第10条第一款和第三款，建立劳动关系应当签订书面合同。用人单位和劳动者在用工之日前签订合同的，劳动关系的建立以用工之日为标志。可见，我国劳动法律已经明确规定，双方建立劳动关系，必须签订书面的劳动合同。劳动合同是企业进行劳动关系管理的重要手段和工具，订立劳动合同不仅有利于约束和规范当事人双方的行为，而且还可作为处理劳动争议时的重要的法律依据。

（一）劳动合同的主要内容

劳动合同，又称为劳动契约或劳动协议，它是劳动者与用人单位确立劳动关系、明确双方权利和义务的协议。为确保劳动者和用人单位双方的合法权益不受侵犯，我们首先需要明确劳动合同的重要内容，即劳动合同的重要条款，其中包括法律规定的必备条款和双方约定的补充条款。

1. 劳动合同中的必备条款

（1）用人单位的名称、住所和法定代表人或者主要负责人以及劳动者的姓名、住址和居民身份证或者其他有效证件号码。为了明确劳动合同中用人单位和劳动者的主体资格，确定劳动合同的当事人，劳动合同中必须具备这些内容。

（2）劳动合同期限。即双方当事人相互享有权利、履行义务的时间界限，一般由劳动者的工作岗位、工作内容、劳动报酬等因素决定；同时，它会影响劳动关系的稳定性。合同期限不明确，则无法确定合同何时终止，如何给付报酬、经济补偿等，从而引发争议。因此，一定要在劳动合同中明确双方签订的劳动合同期限。

（3）工作内容与工作地点。工作内容，即劳动法律关系所指向的对象，包括劳动者具体从事什么种类或者内容的劳动，这里的工作内容是指工作岗位和工作任务的职责。这一条款是劳动合同的核心条款之一，是建立劳动关系的极为重要的因素。它是用人单位使用劳动者的目的，也是劳动者通过自己的劳动取得劳动报酬的缘由。劳动合同中的工作内容条款应当规定得明确具体，便于遵照执行。如果劳动合同没有约定的工作内容或约定的工作内容不明确，用人单位将可以自由支配劳动者，随意调整劳动者的工作岗位，这难以发挥劳动者所长，也很难确定劳动者的劳动报酬，造成劳动关系的极不稳定，因此是必不可少的。

工作地点是劳动合同的履行地，是劳动者从事劳动合同中所规定的工作内容的地点，它关系到劳动者的工作环境、生活环境以及劳动者的就业选择，劳动者有权在与用人单位建立劳动关系时知悉自己的工作地点，所以这也是劳动合同中必不可少的内容。

（4）工作时间与休息休假。工作时间是指在企业、事业、机关、团体等单位中，必须用来完成其所承担的工作任务的时间。一般由法律规定劳动者在一定时间内（工作日、工作周）应该完成的工作任务，以保证最有效地利用工作时间，不断地提高工作效率。这里的工作时间包括工作时间的长短、工作时间方式的确定，如是 8 小时工作制还是 6 小时工作制，是日班还是夜班，是正常工时还是实行不定时工作制，或者是综合计算工时制。

休息休假是指企业、事业、机关、团体等单位的劳动者按规定不必进行工作，而可以自行支配的时间。休息休假的权利是每个国家的公民都应享受的权利。我国《劳动法》第 38 条规定："用人单位应当保证劳动者每周至少休息一日。"休息休假的规定根据劳动者的工作地点、工作种类、工作性质、工龄长短等的不同而不同。

（5）劳动报酬。即劳动者与用人单位确定劳动关系后，因提供了劳动而取得的报酬。劳动报酬是满足劳动者及其家庭成员物质文化生活需要的主要来源，也是劳动者付出劳动后应该得到的回报。

劳动报酬主要包括以下七方面：一是用人单位工资水平、工资分配制度、工资标准和工资分配形式；二是工资支付办法；三是加班、加点工资及津贴、补贴标准和奖金分配办法；四是工资调整办法；五是试用期及病、事假等期间的工资待遇；六是特殊情况下职工工资的（生活费）支付办法；七是其他劳动报酬的分配办法。

劳动合同中有关劳动报酬条款的约定，要符合我国有关最低工资标准的规定。

（6）社会保险。社会保险是政府通过立法强制实施，由劳动者、劳动者所在工作单位或社区及其国家三方面共同筹资，帮助劳动者及其亲属在遭遇年老、疾病、工伤、生育、失业等风险时，防止收入的中断、减少和丧失，以保障其基本生活需求的社会保障制度。

（7）劳动保护、劳动条件和职业危害防护

劳动保护是指用人单位为了防止劳动过程中的安全事故，如矿井作业可能发生瓦斯爆炸、建筑施工可能发生高空坠落等事故，采取各种措施来保障劳动者的生命安全和健康。

劳动条件，主要是指用人单位为使劳动者顺利完成合同约定的工作任务，为劳动者提供必要的物质和技术条件，如必要的劳动工具、机械设备、工作场地、劳动经费、辅助人员、技术资料、工具书以及其他一些必不可少的物质、技术条件和其他工作条件。

职业危害是指用人单位的劳动者在职业活动中，因接触职业性有害因素如粉尘、放射性物质和其他有毒、有害物质等而对生命健康所造成的危害。

2. 劳动合同中的约定条款

约定条款是指法律明文规定的劳动合同可以由双方当事人约定的条款。对于某些事项，法律不做强制性规定，由当事人根据意愿选择是否在合同中约定，劳动合同缺乏这种条款不影响其效力。约定条款主要包括以下五种。

（1）劳动试用期

试用期是指对新录用的劳动者进行试用的期限。用人单位与劳动者可以在劳动合同中就试用期的期限和试用期期间的工资等事项做出约定，但不得违反《劳动合同法》第 19 条、第 20 条以及第 21 条的有关试用期的规定。

（2）技能培训

培训是按照职业或者工作岗位对劳动者提出的要求，以开发和提高劳动者的职业技能为目的的教育和训练过程。企业应建立健全职工培训的规章制度，根据本单位的实际对职工进行在岗、转岗、晋升、转业培训，对新录用人员进行上岗前的培训，并保证培训经费和其他培训条件。职工应按照国家规定和企业安排参加培训，自觉遵守培训的各项规章制度，并履行培训合同规定的各项义务，服从单位工作安排，搞好本职工作。

（3）企业福利待遇

随着市场经济的发展，用人单位给予劳动者的福利待遇也成为劳动者收入的重要指标之一。福利待遇包括住房补贴、通信补贴、交通补贴、子女教育等。不同的用人单位福利待遇不同，福利待遇已成为劳动者就业选择的一个重要因素。

（4）保守商业秘密

商业秘密是不为大众所知，能为权利人带来经济利益，具有实用性并经权利人采取保密措施的技术信息和经营信息。在激烈的市场竞争中，任何一个企业生产经营方面的商业秘密都十分重要，因此，用人单位可以在合同中将保守商业秘密的具体内容、方式、时间等，与劳动者约定，防止自己的商业秘密被侵占或泄露。

（5）补充保险

补充保险是指在国家基本保险以外，用人单位根据自己的实际情况为劳动者建立的一种保险，它用来满足劳动者高于基本保险需求的愿望，包括补充医疗保险，补充养老保险等。补充保险的建立依用人单位的经济承受能力而定，由用人单位自愿实行，国家不做强制的统一规定，只要求用人单位内部统一。用人单位必须在参加基本保险并按时足额缴纳保险费的前提下，才能实行补充保险。

社会生活千变万化，劳动合同种类和当事人的情况也是非常复杂，法律只能对劳动合同的条款进行概况，无法穷尽劳动合同的所有内容，当事人也可以根据需要在法律规定的必备条款之外对有关条款做新的补充性约定。

(二) 劳动合同的类型

根据《劳动合同法》第 12 条，劳动合同分为固定期限劳动合同、无固定期限劳动合同和以完成一定工作任务为期限劳动合同。

1. 固定期限的劳动合同

固定期限劳动合同是指用人单位与劳动者约定合同终止时间的劳动合同。劳动合同期满，劳动关系即告终止。如果双方协商一致，还可以续订劳动合同，延长期限。固定期限的劳动合同可以是较短时间的，如半年；也可以是更长的时间，如 10 年。

2. 无固定期限的劳动合同

无固定期限劳动合同是指用人单位与劳动者协商一致，约定不确定终止时间的劳动合同。《劳动合同法》规定了在以下五种情形下，用人单位须与劳动者订立无固定期限劳动合同：

（1）双方协商一致，可订立无固定期限劳动合同。

（2）劳动者在用人单位连续工作满 10 年及以上，劳动者提出或者同意续订、订立劳动合同的，除劳动者提出订立固定期限劳动合同外，应当订立无固定期限劳动合同。

（3）用人单位初次实行劳动合同制度或者国有企业改制重新订立劳动合同时，劳动者在用人单位连续工作满 10 年且距法定退休年龄不足 10 年的，劳动者提出或同意续订、订立劳动合同的，除劳动者提出订立固定期限劳动合同外，应当订立无固定期限劳动合同。

（4）连续订立二次固定期限劳动合同，且劳动者没有《劳动合同法》第 39 条和第 40 条第一项、第二项规定的情形，续订劳动合同的，劳动者提出或同意续订、订立劳动合同的，除劳动者提出订立固定期限劳动合同外，应当订立无固定期限劳动合同。

（5）用人单位自用工之日起满一年不与劳动者订立书面劳动合同的，视为用人单位与劳动者已订立无固定期限劳动合同。

在订立无固定期限劳动合同后，劳动者就可以长期在一个单位或部门工作。但无固定期限合同并非"铁饭碗""终身制"，在出现《劳动合同法》规定的情形，不论用人单位还是劳动者，依然有权依法解除劳动合同。

3. 以完成一定工作任务为期限的劳动合同

这是指用人单位与劳动者约定以某项工作的完成为合同期限的劳动合同。某一项工作或工程开始之日，即为合同开始之时，此项工作或工程结束，合同即告终止，如完成某项科研任务、承包工程项目、季节性的临时用工等。合同双方当事人在合同履行期间建立的是劳动关系，劳动者要遵守用人单位的内部规章制度，可以享受用人单位的工资福利和社会保险等待遇。这种劳动合同实际上属于固定期限的劳动合同，只不过合同终止的时间是以任务完成的时间为终止时间。

（三）订立劳动合同应遵循的原则

按照我国《劳动法》的规定，劳动合同双方在订立及变更合同时应当遵循平等自愿、协商一致、不得违反国家和行政法规的基本原则。劳动合同订立的这一原则，是劳动合同订立的指导方针，应当贯穿劳动合同订立的全过程，具有普遍约束力。这是衡量当事人双方订立的劳动合同合法性、有效性的依据。

1. 平等自愿

"平等自愿"是订立劳动合同的核心原则，平等是指在订立劳动合同的时候，双方当事人之间地位完全平等。地位平等，表现在订立劳动合同的双方当事人都是以劳动关系主体资格出现的，互不隶属，各自独立，订立劳动合同的内容要依照法律的规定，一方不能强迫另一方接受自己的条件。自愿，是指订立劳动合同的双方当事人，以各自的起初意志表示自己的意愿。

2. 协商一致

"协商一致"即劳动者个人和用人单位双方互相协商各项内容，在双方达成一致意见的情况下，确定合同的各项条款。我国正在推行集体合同制度，从业者在利益一致、对于劳动合同内容要求一致的情况下，由工会负责人或者其他人作为其代表，与用人单位方面进行集体协商。

3. 依法订立

依法订立原则体现在五个方面。

一是订立劳动合同的目的必须合法。当事人不得以订立劳动合同的合法形式掩盖不法意图和不法行为的内容，达到不良企图的目的。

二是订立劳动合同的主体必须合法。当事人双方必须具有法律、法规规定的主体资格。作为用人单位，必须是依法成立的企业、事业单位、国家机关、社会团体和个体经营户等用人单位；作为劳动者，必须是具有劳动权利能力和劳动行为能力的公民。

三是订立劳动合同的内容必须合法。劳动合同中的条款不能违反国家法律、法规和政策的规定，不得分割国家利益和社会公共利益。

四是订立劳动合同的形式和程序必须合法。

五是订立劳动合同的行为必须合法。根据《劳动合同法》第 26 条规定，不得以欺诈、胁迫的手段或者乘人之危，使对方在违背真实意思的情况下订立或者变更劳动合同。否则，将导致劳动合同无效。

四、劳动合同的履行与变更

（一）劳动合同的履行

1. 劳动合同履行应遵循的原则

（1）全面履行

《劳动合同法》第 29 条规定："用人单位与劳动者应当按照劳动合同的约定，全面履行各自的义务。"即劳动合同双方当事人不能只履行部分义务而将其他义务置之不顾，也不得擅自变更合同，更不能任意不履行合同或解除合同。①

（2）合法

劳动合同双方在履行义务过程中，既要强调全面履行原则，又要兼顾履行的

---

① 王知桂. 人力资源管理 [M]. 厦门：厦门大学出版社，2014：315.

合法性，不能因为要完全、实际地履行合同义务，即绝对地按原合同的规定履行，而违反劳动法律法规的强制性规定。例如对用人单位管理人员违章指挥、强令劳动者冒险作业的，劳动者有权拒绝，不视为违反劳动合同；对危害生命安全和身体健康的劳动条件，劳动者有权对用人单位提出批评、检举和控告。

2. 特殊情形劳动合同的履行

第一，用人单位变更名称、法定代表人、主要负责人或者投资人等事项，不影响劳动合同的履行。如有用人单位以投资主体发生变化而拒绝履行劳动合同，这是法律所不允许的。

第二，用人单位发生合并或者分立等情况，原劳动合同继续有效，劳动合同由承继其权利义务的用人单位继续履行。在用人单位合并或分立的情况下，原用人单位不再存在。为了保护原用人单位劳动者的合法权益，合并后的法人或其他组织作为一个新的用人单位承继了原用人单位所有的权利和义务，原劳动合同继续有效，劳动合同由承继其权利义务的用人单位继续履行。

（二）劳动合同变更

劳动合同的变更是在原合同的基础上对原劳动合同内容做部分修改、补充或者删减，而不是签订新的劳动合同。原劳动合同未变更的部分仍然有效，变更后的内容就取代了原合同的相关内容，新达成的变更协议条款与原合同中其他未变更的条款具有同等法律效力，对双方当事人都有约束力。根据劳动法律法规，下列情形可以变更劳动合同。

第一，通常只要用人单位与劳动者协商一致，即可变更劳动合同约定的内容。这就是说：首先，劳动合同是劳动关系双方协商达成的协议，当然也可以协商变更；对于劳动合同约定的内容，只要是经双方当事人协商一致的，都可以予以变更。其次，对变更劳动合同，用人单位和劳动者之间应当采取自愿协商的方式，不允许合同的一方当事人未经协商单方变更劳动合同。最后，在变更过程中必须遵循与订立劳动合同时同样的原则，即遵循合法、公平、平等自愿、协商一致、诚实信用的原则。

第二，劳动合同订立时所依据的客观情况发生重大变化，致使劳动合同无法履行，经用人单位与劳动者协商一致的，可以变更劳动合同内容。如果双方对于变更的内容无法达成一致，法律在这种情形下赋予用人单位解除劳动合同的权利，但用人单位需要向劳动者支付经济补偿金。

五、劳动合同的终止与解除

（一）劳动合同终止

1. 劳动合同终止的内涵

劳动合同终止是指劳动合同法律效力的终止，即双方当事人之间劳动关系的终结，彼此原有的权利和义务关系不复存在。

劳动合同终止有狭义与广义之分。狭义上讲，劳动合同终止是指劳动合同的双方当事人对合同所规定的权利和义务都已经完全履行，且任何一方当事人均未提出继续保持劳动关系，因而终止劳动合同的法律效力。广义的劳动合同终止包括劳动合同的解除。我们这里讲的劳动合同终止是狭义的。

劳动合同终止之后，双方不再执行原劳动合同中约定的事项，但是，如用人单位在劳动合同终止前拖欠劳动者的工资，劳动合同终止后劳动者仍可依法请求法律救助。

2. 劳动合同终止的条件

第一，劳动合同期满，主要适用于固定期限劳动合同和以完成一定工作任务为期限的劳动合同。劳动合同期满后，除依法续订和依法延期的情况以外，劳动合同自然终止，双方的权利和义务结束。根据劳动保障部规定，劳动合同的终止时间，应当以劳动合同期限最后一日的 24 时为准。

第二，劳动者开始依法享受基本养老保险待遇。不管劳动者是否达到退休年龄，只要其开始享受基本养老保险待遇，劳动合同即终止。如提前退休或因病完全丧失劳动能力而享受基本养老保险待遇的情形。

第三，劳动者死亡，或者被人民法院宣告死亡或者宣告失踪。在这种情况下，劳动合同的一方主体客观上丧失劳动能力，无法履行劳动合同，因此劳动合同终止。

第四，用人单位被依法宣告破产。根据《企业破产法》的规定，用人单位一旦被依法宣告破产，就进入破产清算程序，用人单位的主体资格即归于消灭，因此劳动合同归于终止。

第五，用人单位被吊销营业执照、责令关闭、撤销或者用人单位决定提前解散。这四种情况均会导致用人单位的劳动合同主体资格的消灭，因此劳动合同归于终止。

第六，法律、行政法规规定的其他情形。为了保持劳动合同终止制度的统一性和排除劳动合同终止的地方独特性等情况，《劳动合同法》没有授权地方政府制定劳动合同终止制度。

（二）劳动合同解除

劳动合同解除是指劳动合同订立后，尚未全部履行权利和义务之前，劳动者和用人单位基于某些原因而提前结束劳动关系的行为，如劳动者单方主动提出解除劳动合同。

劳动合同解除可以从用人单位和劳动者两个方面来解读。

1. 用人单位单方面解除劳动合同的条件

首先，用人单位可以因为劳动者的因素而解除劳动合同，也可以因为外部因素而解除劳动合同，但两种情况下都必须满足一定的条件。

根据《劳动合同法》第39条的规定，劳动者有下列情形之一的，用人单位可以解除劳动合同：①在试用期间被证明不符合录用条件的；②严重违反用人单位的规章制度的；③严重失职，营私舞弊，给用人单位造成重大损害的；④劳动者同时与其他用人单位建立劳动关系，对完成本单位的工作任务造成严重影响，或者经用人单位提出，拒不改正的；⑤因本法第26条第一款第一项规定的情形致使劳动合同无效的；⑥被依法追究刑事责任的。

其次，用人单位也可以因客观情况变化而解除劳动合同。

根据《劳动合同法》第40条的规定，有下列情形之一的，用人单位提前30日以书面形式通知劳动者本人或者额外支付劳动者一个月工资后，可以解除劳动合同：①劳动者患病或者非因工负伤，在规定的医疗期满后不能从事原工作，也不能从事由用人单位另行安排的工作的。②劳动者不能胜任工作，经过培训或者调整工作岗位，仍不能胜任工作的。不能胜任工作是指不能按要求完成劳动合同中约定的任务或者同工种、同岗位人员的工作量。但是用人单位不得故意提高定额标准，使劳动者无法完成工作。③劳动合同订立时所依据的客观情况发生重大变化，致使劳动合同无法履行，经用人单位与劳动者协商，未能就变更劳动合同内容达成协议的。如自然条件、企业迁移、被兼并、企业资产转移等，使原劳动合同不能履行或不必要履行的情况。

同时，还存在用人单位不得解除劳动合同的情形。

《劳动合同法》第42条规定，劳动者有下列情形之一的，用人单位不得依照本法第40条、第41条的规定解除劳动合同：①从事接触职业病危害作业的劳动者未进行离岗前职业健康检查，或者疑似职业病病人在诊断或者医学观察期间的；②在本单位患职业病或因工负伤并被确认丧失或者部分丧失劳动能力的；③患病或者非因公负伤，在规定的医疗期内的；④女职工在孕期、产期、哺乳期的；⑤在本单位连续工作满十五年，且距法定退休年龄不足五年的；⑥法律、行政法规规定的其他情形。

用人单位不得解除劳动合同的规定包含两个含义：第一，这些规定禁止的是用人单位单方解除劳动合同，并不禁止劳动者与用人单位协商一致解除劳动合同；第二，这些规定表明，即使劳动者具备了本条规定的六种情形之一，用人单位仍可以根据《劳动合同法》第39条的规定与劳动者解除劳动关系。

2. 劳动者单方面解除劳动合同的条件

根据《劳动合同法》第37条规定，劳动者提前30日以书面形式通知用人单位，可以解除劳动合同。劳动者在试用期内提前3日通知用人单位，可以解除劳动合同。同时，《劳动合同法》第38条规定，用人单位有下列情形之一的，劳动者可以解除劳动合同：①未按照劳动合同约定提供劳动保护或者劳动条件的；②未及时足额支付劳动报酬的；③未依法为劳动者缴纳社会保险费的；④用人单位的规章制度违反法律、法规的规定，损害劳动者权益的；⑤因本法第二十六条第一款规定的情形致使劳动合同无效的；⑥法律、行政法规规定劳动者可以解除劳动合同的其他情形。用人单位以暴力、威胁或者非法限制人身自由的手段强迫劳动者劳动的，或者用人单位违章指挥、强令冒险作业危及劳动者人身安全的，劳动者可以立即解除劳动合同，无须事先告知用人单位。这两条规定赋予劳动者单方面解除劳动合同的权利。

　　值得注意的是，《劳动合同法》第 38 条规定的情形，均是由用人单位的违法、违约行为导致劳动者单方面解除劳动合同，在这些情形下的解除，劳动者还有权获得经济补偿。

　　《劳动合同法》赋予用人单位的单方解除权比赋予劳动者的单方面解除权要小得多、弱得多。

（三）劳动合同终止与解除辨析

　　第一，从特征来看，劳动合同终止主要取决于法律上规定的合同终止条件或当事人双方共同约定的事由，其自治程度多一点，一般是可以预见的；而劳动合同解除更取决于当事人是否主动提出解除劳动合同，只是一种可能性，一般不可预见，在解除劳动合同时受法律约束的程度较高，并体现了对劳动者的倾斜保护。

　　第二，从劳动关系结束的条件来看，劳动合同终止是依法定或约定履行完双方的权利和义务后自然终止的；而劳动合同的解除是指劳动合同当事人在没有履行完劳动合同的情况下，劳动合同订立时所依据的情形基于某种主观或客观的原因发生了重大变化，致使原来的劳动关系无法维持下去。

　　第三，从法律后果来看，除用人单位被依法宣告破产或被吊销营业执照之外，劳动合同终止时用人单位不需要支付经济补偿金；而劳动合同解除后，用人单位除进行损害赔偿外，一般还必须向劳动者支付经济补偿金。

第四节　劳动争议的处理与机制完善

一、劳动争议基本理论知识

（一）劳动争议的内涵

　　劳动争议，又称劳动纠纷或劳资纠纷，是指劳动关系双方当事人在实现劳动权利和履行义务的过程中发生的纠纷。劳动争议的当事人是指劳动关系当事人双方，即职工和用人单位，也就是劳动法律关系中权利的享有者和义务的承担者。

由于劳动关系当事人双方有各自的利益目标，在劳动过程中必然会出现利益分配不均衡，或实际的利益受侵犯。这就决定了劳动争议的不可避免性。

(二) 劳动争议的范围界定

劳动争议的范围，在不同的国家有不同的规定。根据我国 2008 年 5 月 1 日开始实施的《劳动争议调解仲裁法》第二条规定，劳动争议的范围包括以下内容：①因确认劳动关系发生的争议；②因订立、履行、变更、解除和终止劳动合同发生的争议；③因除名、辞退和辞职、离职发生的争议；④因工作时间、休息休假、社会保险、福利、培训以及劳动保护的发生的争议；⑤因劳动报酬、工伤医疗费、经济补偿或者赔偿金等发生的争议；⑥法律、法规规定的其他劳动争议。

判断是否属于劳动争议，主要根据两个衡量标准。第一，看当事人双方是否劳动法意义上的主体；第二，看是否属于关于劳动权利和义务的争议。

(三) 劳动争议的类别

根据发生劳动争议的人数和组织形式，劳动争议可以划分以下两类。

1. 个别劳动争议

个别劳动争议是指职工一方为单个劳动者时与用人单位的争议。

2. 集体劳动争议

集体劳动争议是指职工一方达到法定的集体争议的人数，争议的标的相同，并以集体选出的代表提出申述的劳动争议。发生集体争议时，劳动者一方通常由工会作为代表，如果没有工会，则由员工推举代表。

二、劳动争议的处理

(一) 处理劳动争议应遵循的原则

根据我国《劳动法》第七十八条规定，"解决劳动争议，应当根据合法、公正、及时处理的原则，依法维护劳动争议当事人的合法权益"，人力资源部门在处理劳动争议时应当遵循以下原则：

1. 依法处理原则

即在查清问题的基础上，依法处理劳动争议原则。劳动争议处理机构应当对争议的起因、发展和现状进行深入、细致的调查，在查清问题的基础上，依据有关劳动法律法规、规章和政策做出公正处理。达成的调解协议、做出的裁决和判决不得违反国家现行法规和政策规定，不得损害国家利益、社会公共利益或他人合法权益。

2. 一律平等原则

这一原则包含以下两层含义：一是劳动争议双方当事人在处理劳动争议过程中的法律平等，平等地享有权利和履行义务，任何一方都不得把自己的意志强加于另一方；二是劳动争议处理机构应当公正执法，保障和便利双方当事人行使权利，对当事人在适用法律上一律平等，不得偏袒或歧视任何一方。

3. 着重调解原则

我国《劳动法》规定："在用人单位内，可以设立劳动争议调解委员会。""劳动争议发生后，当事人可以向本单位劳动争议调解委员会申请调解"，调解不成再申请劳动争议仲裁程序，劳动争议仲裁机构处理时，依然首先进行调解。

4. 及时处理原则

处理劳动争议，还应遵循及时处理的原则，防止久调不决。劳动争议案件具有特殊性，它关系到职工的就业、报酬、劳动条件等切身利益问题，如不及时迅速地予以处理，势必影响职工的生活和生产秩序的稳定。《劳动争议调解仲裁法》规定，从当事人知道或者应当知道其权利被侵害之日起计算，在一年内可以向劳动争议仲裁委员会提出书面申请。仲裁庭一般要在 45 日内要做出裁决，案情复杂需要延期的，经劳动争议仲裁委员会主任批准，可以延期并书面通知当事人，但是延长期限不得超过 15 日。简言之，仲裁庭最长 60 日内就要做出裁决。

（二）劳动争议的处理机构

我国目前处理劳动争议的机构有以下三个：劳动争议调解委员会、地方劳动争议仲裁委员会、地方人民法院。

1. 劳动争议调解委员会

企业可以设立劳动争议调解委员会（以下简称调解委员会），委员会由下列人员组成：职工代表、企业代表、企业工会代表。企业劳动争议调解委员会是负责调解本企业内部劳动争议的群众性组织。

2. 劳动争议仲裁委员会

劳动争议仲裁委员会由劳动行政主管部门设立，其主要职责是处理劳动争议和办理仲裁委员会日常事务。仲裁委员会调解、裁决劳动争议，实行仲裁员、仲裁庭制度。仲裁委员会组成人员必须是单数，由劳动行政部门的代表、同级工会和企业代表组成，主任由劳动行政主管部门的负责人担任。

3. 地方人民法院

人民法院是国家的审判机关，同时也担负着处理劳动争议的职责。劳动争议当事人对仲裁委员会的裁决不服、进行起诉的案件，人民法院应予以受理。

（三）劳动争议的处理程序

处理劳动争议的程序如下：当用人单位与劳动者发生劳动争议后，当事人双方可以协商解决；当事人不愿协商、协商不成或者达成和解协议后不履行的，可以向调解组织申请调解；不愿调解、调解不成或者达成调解协议后不履行的，可以向劳动争议仲裁委员会申请仲裁；对仲裁裁决不服的，可以向人民法院提起诉讼。

1. 劳动争议协商

劳动争议协商是指由劳动关系双方采取自治的方法解决纠纷，由职工代表和雇主代表出面，根据双方集体协议，组成一个争议处理委员会，就工资、工时、劳动条件等职工提出的争议内容，双方相互协商，达成协议，以和平手段解决争议。

劳动争议发生时，由劳动关系当事人进行协商，是妥善解决劳动争议最直接、最有效的方法，因为劳动争议问题正是发生在他们之间。这些问题如果能够得到解决，所得到的都是双方基本满意或可以接受的结果。

当事人双方协商是解决劳动争议最常见的方法。许多企业会出现各种争议，这些争议，其中一种情况，要么是职工对企业的制度不理解，要么是对企业的要求看法片面，要么对问题带有个人情绪。这些通常都需要企业的人力资源管理部门、工会或行政部门代表企业对员工进行耐心的说服和教育，使他们改变认识，正确理解企业的制度要求。另一种情况则是企业制定的制度存在问题，或者在制度执行过程中有不公正的做法。制度存在问题通常表现为统一的争议不断重复出现，这就要对制度进行修改。执行制度不公正则需要对有关部门的主管进行考察和对主管的不恰当做法进行及时纠正。当事人协商的做法可以把矛盾消灭在萌芽状态，是企业解决劳动关系矛盾最普遍的方法。

2. 劳动争议调解

劳动争议调解是指由第三者介入劳动争议，促使当事人达成和解协议。当劳动关系双方对争议无法达成一致意见时，就需要由企业劳动争议调解委员会扮演中立角色进行调解。有时是当争议出现时，员工直接要求调解委员会进行调解，这时，就要进入调解程序。

劳动争议调解委员会所进行的调解活动是群众自我管理、自我教育的活动，具有群众性和非诉讼性的特点。

劳动争议调解委员会调解劳动争议的步骤如下：

第一，申请。指劳动争议当事人以口头或书面方式向本单位劳动争议调解委员会提出调解的请求。申请是自愿的。

第二，受理。指劳动争议调解委员会接到当事人的调解申请后，经过审查，决定接受申请的过程。受理包括以下三个过程：首先，审查，即审查发生争议的事项是否属于劳动争议；其次，通知并询问另一当事人是否愿意接受调解，只有双方当事人都同意调解，调解委员会才能受理；最后，决定受理后及时通知当事人做好准备，并告之调解时间、地点等事项。

第三，调查。经过深入调查研究，了解情况，掌握证据材料，弄清争议的原委以及调解争议的法律政策依据等。

第四，调解。调解委员会召开准备会，统一认识，提出调解意见，并找双方当事人谈话和召开调解会议。调解一般包括调解准备、调解开始、调解实施、调解终止几个阶段。根据《劳动争议调解仲裁法》的第十四条规定，自劳动争议调解组织收到调解申请之日起 15 日内未达成调解协议的，当事人可以依法申请仲裁。

第五，制作调解协议书。经过调解，双方达成协议，即由调解委员会撰写调解协议书。

3. 劳动争议仲裁

仲裁也称公断，是由一个公正的第三者对当事人之间的争议做出判断。当企业调解委员会对劳动争议调解不成时，可以由争议当事人以书面形式向当地劳动争议仲裁委员会提出仲裁申请。仲裁委员会应当自收到仲裁申请之日起五日内做出是否受理的决定，认为符合受理条件的，应当受理，并通知申请人；认为不符合受理条件的，应当书面通知申请人不予受理，并说明理由。

仲裁庭审理劳动争议案件应当先行调解（这时，当事人双方也可以自行和解），在查明事实的基础上促使当事人双方自愿达成协议，对于调解达成协议的，仲裁庭根据协议内容制作调解书，调解书自送达之日起具有法律效力。调解未达成协议或者调解书送达前当事人反悔的，仲裁庭应当及时裁决。

仲裁庭裁决劳动争议案件，应当自劳动争议仲裁委员会受理仲裁申请之日起 45 日内结束。案情复杂需要延期的，经批准，延长期限不得超过 15 日。逾期未做出仲裁裁决的，当事人可以就该劳动争议事项向人民法院提起诉讼。

4. 劳动争议诉讼

劳动争议诉讼是人民法院按照民事诉讼的程序，以劳动法规为依据，按照劳动争议案件进行审理。当事人对《劳动争议调解仲裁法》第四十七条规定的仲裁裁决不服，自收到裁决书之日起 15 日内，可以向人民法院起诉。劳动争议当事人必须经过劳动争议仲裁委员会才能向地方人民法院提起上诉。人民法院受理程序按照《民事诉讼法》规定进行，它包括劳动争议案件的起诉、受理、调查取证、审判和执行等一系列诉讼过程。

三、劳动争议调解机制的不足与完善

(一) 劳动争议调解的不足

1. 调解制度专业性不强

从各国劳动争议调解制度发展的成功经验看，劳动争议调解制度发挥作用的动力来自调解制度的专业性，在于职业调解员能够有效平衡劳资双方的利益诉求。

目前，我国大部分调解员进行调解，主要依靠社会风俗、道德、传统文化等，对于事实认定、证据采纳等专业评判方法缺乏操作能力，这也使得调解协议的专业性、公正性大大降低，超出争议当事人的合理预期，增加了调解协议执行难度。

2. 调解协议缺乏强制性

调解协议的生命来源于法律，仅靠道德无法发挥调解机制的最大作用。从国外建设劳动争议调解制度的先进经验看，部分国家将劳动争议调解作为争议解决的前置程序，也有国家将调解作为争议双方的自由选择，但两种模式下，司法机关都赋予调解协议司法效力，由国家强制力保障调解协议内容的实现。

而我国关于调解协议没有明确的规定，实践中，争议双方将其视为民事合同，并不惧怕违反该协议的后果。根据现有法律规定，争议一方不履行协议，另一方可以提起仲裁。于是，有人借用法律漏洞，把劳动争议调解当作延缓诉讼的工具，损害他人合法权益。同时使得争议双方的矛盾激化，更加不利于纠纷的解决。

(二) 劳动调解机制的完善

1. 选拔专业人员，提高调解协议专业性

解决调解制度的专业性问题，核心在于解决人才选拔问题。在现实生活中，调解员的选任条件不够严格，程序简单，使得其调解能力得不到保障，调解的案

件质量就得不到保证。解决这一问题，可以从两方面入手。

一方面把严调解员选拔关口，提高进入门槛。尽可能选拔受过法律专业训练的人，每一个调解组织人员配置中，至少有一人为经过法律专业训练的人。给予调解人员薪酬待遇，根据调解案件的数量和质量赋予薪资。

另一方面，要对调解人员进行专业训练，提高其认定事实与证据、裁断是非的能力。设定职业考核机制，定期考核，建立人才引进机制与淘汰机制。

2. 加大投入和运行监督，提高调解运转能力

一是增加对全国各地法律援助机构的财力、人才资助，在法律援助中心设立专门的劳动争议咨询窗口，配备专业人才，提供劳动争议法律咨询，引导劳动争议双方通过调解解决争议。由专业组织对劳动争议做出专业的劳动争议评估和咨询服务，提高争议双方的合理预期准确度，以减少劳动争议案件仲裁和诉讼。

二是政府应当加强对劳动争议调解制度运行状况的监督，并定期提供专业指导。政府可以通过劳动争议调解工作规范和标准化建设、典型案例指导、定期查访、提供举报信箱等，加强对劳动争议调解的监督和业务指导。

三是赋予调解协议法律效力。调解协议的生命力由法律赋予。因此，通过法律赋予其强制力，使其对协议双方具有拘束力至关重要。其解决方式有两种，第一种是事前规定，即通过法律规定，双方自愿签署调解协议且经中立第三方签字确认，除非具有法律规定的可以撤销的情形，否则不得拒绝履行调解协议或者解除该协议，该调解协议具有法律效力。另一种解决方式为在协议中明确约定双方义务、履行方式，以及不履行协议内容的解决措施和责任承担，然后及时到法院申请司法确认，赋予其法律效力，一方不履行义务可以申请法院强制执行。

四是支持工会充分履职。劳动争议多元化解机制的核心要义，是要实现纠纷解决端口从诉讼向仲裁、协商的前移。因此，相关配套机制的完善、纠纷解决资源的配置，也要同步前移。工会在建设合格调解组织、打造过硬调解员队伍、吸纳专业律师参与、完善经费保障等方面有着广阔的工作发展空间。人民法院要做好工作协同、技术支持、司法保障，确保工会充分履行化解矛盾纠纷的职能作用。

五是构建互联网时代在线多元解纷新格局。信息技术的变革冲击着原有的社

会结构与商业模式，当事人面对面解决纠纷的成本相对较高、难度也比较大。特别是受新冠肺炎疫情影响，催生了更多在线解决纠纷的需求，加速了在线纠纷解决机制的发展。目前最高人民法院积极推动的劳动人事争议在线调解，是将争议调解与信息化技术、社会化参与有机结合起来的中国特色在线多元纠纷解决模式。2021年12月30日，最高人民法院发布《人民法院在线调解规则》，对在线调解适用范围、在线调解活动内涵、在线调解组织和人员、在线调解程序、在线调解行为规范等做出规定，为在线调解提供了基本法律遵循。

第六章　人力资源管理的技术创新与应用

第一节　人力资源管理的信息化发展思考

一、人力资源管理信息化发展现状分析

人力资源最早在 1954 年就被管理学家德鲁克提出，并在 20 世纪 60 年代末 70 年代初开始逐渐壮大发展。而在过去的四五十年间，人力资源管理学的理论在不断深化、细化和应用化，其信息化系统功能逐渐强大，至今为企业的决策和日常的运行提供了大量有效的信息服务。[①]

但我国的人力资源管理发展仍处于起步阶段。在 20 世纪 90 年代，我国才有高校成立人力资源管理这一专业，由此可见，在 20 世纪人力资源管理在我国并不得到太多的重视。我国大部分的企业对人力资源管理一直抱着一种肯定的、欣赏的态度，特别是对于电子化、网络化和智能化这三个方面。但是，企业又由于资金、人才、市场和技术的限制，而迟迟不能或者不想引进人力资源管理系统。这归根结底就是管理者对人资源管理信息化认识得不到位，将人力资源管理看作是一种不利于己的成本开销，从而让不少企业的管理者对其望而却步。在企业的发展过程中运用人力资源管理信息化的确能降低成本，提高效益，但是这往往都是在人力资源管理信息化投入使用后一段时间才产生的效果。在此之前，企业若要将人力资源管理真正地规模化、效益化，则需要投入不少的资金，去研发软件或者购买软件产品。技术，一直都是一种特别贵的东西。因此，部分中小企业基于其本身发展规模较小、经济效益较低的原因，无法投入巨大的资金去运行人力资源管理信息化系统。

---

① 何态. 浅析企业人力资源管理的信息化发展 [J]. 才智，2014 (22)：293.

同时，我国的人力资源管理者的自身水平有待提高也是影响人力资源管理信息化发展的原因之一。由于管理层对基础工作的重视程度不高，从而导致人力资源系统的服务性能差，功能过于简单，缺乏一定的稳定性和运行速度过慢等问题。以上种种都明确反映了我国人力资源管理信息化发展还不够不成熟。

二、人力资源管理信息化发展的完善策略

（一）提高管理者素质

一个企业要真正地发展起来，管理层有十分重要的决定性作用。务必让管理者开阔视野，与时俱进，让企业充满学习、创新的氛围，让管理者站得高看得远。从思维上突破，正确认识和了解人力资源管理的重要性及其必要性。同时，对于一些抱有"安于现状"的消极态度的管理者，要从思想上引导他们认识到人力资源管理对企业发展的重要性，解除他们心里的消极想法，让他们从对人力资源管理信息化发展的阻力变成动力。

（二）将业务流程与组织结构规范化、体系化

随着时代的发展和变化，企业在经营过程中实施人力资源管理信息化系统的过程中，必然与传统的运行模式有一定的冲突，在业务流程上发生一定的变化，同时还会将在职人员的职务有所调整，甚至是在结构上的重新调整。所以，将企业的业务流程和组织结构规范化、体系化，是十分必要的。规范化和体系化的人力资源管理信息化，能让企业内部的工作人员重视创新的发展，为企业提供源源不断的活力和对策。与此同时，企业也要制订相关的培训计划和学习课程，提高员工的素质，为有潜力的员工提供上升的机会。

（三）不断提高人力资源管理人员的 IT 应用能力

人力资源管理信息化，是人力资源管理体系中一个核心部分。因此，人力资源管理信息化务必有效地执行和落实起来，而执行对象通常都是人力资源管理部门，除了基本的人力资源管理理论和实践经验，IT 的应用能力也是促进人力资源

信息化长期有效运行的必备条件之一。要使人力资源管理的效率从真正意义上提高，从经济效益上得以体现，需要企业对人力资源管理的大力支持，投入一定的资金，并对人力资源管理人员进行相关的 IT 课程学习。

（四）基础工作规范化

企业内部人力资源管理水平的提高，需要基础工作的规范化。主要在两方面：一是基础数据管理，这里特指的是员工的考勤、绩效、薪酬和待遇等；二是业务的流程设计和实施，这里需要人力资源管理将业务程序化、系统化，以招聘为例，从招聘广告、筛选面试人员、进行面试、实习的培训课程、真正的上岗工作等几个模块都应有相应的工作程序。

（五）合理审视，选择优秀的供应商

人力资源管理信息化系统，能给企业带来强大的信息和数据，可一旦系统出现问题，安全性没法保证的情况下，则反而会给企业带来无法估计的损失。因此，如何合理地审视，选择优秀的供应商，是一个很重要的问题。在此，应考虑以下三点：一是供应商的经营情况和性质；二是开发实力；三是供应商提供的咨询服务及其团队实力。综合考虑，才能选择最适合自身企业发展的供应商。

人力资源管理信息化，作为一种全新的管理概念、一个全新的管理模式，在这片崭新的领域上，中小企业应正确认识人力管理信息化，并抓住机遇，提高企业的人力资源竞争力，才能使企业在激烈的市场竞争中屹立不败。

第二节　人工智能在人力资源管理中的应用

当下已经迈入到工业 4.0 时代，人工智能获得了进一步发展，在促进全球经济发展、社会进步的同时，也对人们的日常生活产生了非常大的影响。

一、人工智能给人力资源管理带来的挑战

(一) 增加行业竞争和就业危机

随着人工智能技术的深入发展，企业中没有较高技术含量的劳动将逐步被取代，一些机械重复性的工作将首先被人工智能所代替。人工智能在识别与处理相关信息时，不仅比人类的速度更快，同时其准确率也是人类所不能企及的。一些机械性工作的未来就业形势越来越不明朗，人工智能还会影响到企业将来的招聘与考核。一些企业依托人工智能技术设定人力资源战略，对本领域各个企业实体开展精准分析，这必然会导致企业之间的实力差距越来越大。另外，中小型企业自身发展资金有限，政府对其支持较低，使得企业人力资源转型面临较大问题。和大规模企业相比较，中小型企业的管理方式陈旧、落伍，极易被市场所抛弃。

(二) 提高人力资源准入门槛

针对各个方面的人力资源工作，应当归纳与整理有关信息，高度重视人和组织间的配置情况，依托信息技术进一步健全组织架构。在人工智能应用范围越来越广泛的背景下，传统的人力资源管理优势将慢慢消失，行业从业人员必须基于现代化思维来配置各项资源。在该过程当中，从业人员不仅要拥有计算机操作技能，同时还需要具备语言编程与深度学习方面的知识与技能，从而使得人力资源的准入门槛越来越高，对从业人员的知识体系与技能水平提出了更高要求。

(三) 数据安全和个人隐私问题更加严重

现阶段，数据被窃取、个人隐私泄露的问题越来越多，人们对其重视程度越来越高。将人工智能融入企业人力资源管理中，必须建立在海量数据之上，而用户隐私问题将面临更大的威胁。为了能够系统、真实地获得工作人员的相关数据，一些企业要求工作人员佩戴传感器等监测设施，对工作人员的工作内容与行为进行全方位跟踪，充分掌握每一位工作人员的实际表现，再以此为基础进行人力资源决策。人力资源数据一方面会干涉到工作人员隐私，另一方面也会关联到

工作人员的私人生活。

二、基于人工智能的人力资源管理优化

（一）提高人力资源管理的数字化与专业化水平

人工智能是现代社会不断发展下的重要成果，对世界许多行业领域都产生了非常大的影响，促进其不断改革与发展。所以，要依照时代发展的一般规律，采用辩证的眼光科学看待人工智能的发展与应用，采取有效措施推动人工智能与企业人力资源管理的紧密结合，促使人力资源管理朝向数字化方向发展。① 现阶段，人力资源机器人等智能化产品越来越多，并得到了广泛运用，为企业人力资源管理朝数字化方向转变奠定了坚实基础。在将来发展中，当人工智能在企业人力资源管理中的应用更加广泛与全面，人力资源管理人员的工作重心将从以往的基础性工作转变为战略性工作，传统底层工作将由人工智能来完成。企业则需要更多专业水平、综合能力强的人才，相应地对低端人才的需求会越来越少，可以依托数字化人力资源管理系统，明确企业将来的发展方向。由此可以看出，人工智能与人力资源管理相结合是社会发展的必然趋势，不会因为人的意志而发生改变，所以，人力资源管理人员应当紧随时代发展步伐，进一步强化自身的专业化能力，成立高水平的人才团队，提高企业的核心竞争力，确保企业人力资源管理朝高科技方向发展。

（二）构建高水平人才队伍

在人工智能时代背景下，企业人力资源管理之所以产生结构性失衡现象，究其根本是由于许多基础性岗位被人工智能所取代；与此同时，高水平专业人才较为缺乏，从而造成企业发展中专业性人才匮乏，对企业进一步发展产生较大影响。企业必须紧随时代发展潮流，注重强化自身的核心竞争力，这样才能在残酷的市场竞争中占据有利位置；企业工作人员也必须注重改善自己的核心竞争力，

---

① 吴丹. 基于人工智能的企业人力资源管理策略研究 [J]. 上海商业，2022 (12)：206.

这样才可以在人才竞争中立于不败之地。所以，企业工作人员应进一步强化自己的综合水平，提高自身的竞争优势；政府相关部门要依照现代社会发展要求，逐步建设健全的职业教育培训体制，对职业教育培训给予大力支持，从而为社会和企业培养越来越多的高水平专业人才，积极改善当下人才就业问题。重视开展继续教育，增强市场适应水平，充分激发工作人员的职场潜力；企业要重视改善工作环境与待遇，主动聘请高水平人才，创设一支专业化人才队伍。发挥人工智能大数据技术应用优势，引导工作人员养成良好的创造性思维，提高其分析与判定的能力，形成终身学习思想，科学合理运用企业内部资源，把握最前沿的知识与技术，不断提高企业人才队伍的专业化水平，为强化企业市场竞争力提供充足的人才支持。

（三）关注人工智能应用的伦理价值

随着人工智能技术的不断发展，在许多行业领域中都获得了广泛而深入的应用，尽管人工智能技术为行业发展提供了良好的机遇与条件，但是也同步带来了伦理问题。当下人们越来越注重人工智能应用的安全性与伦理性问题，这也成为人工智能能否得到进一步发展与应用的核心。将来，当人工智能充分融入企业人力资源管理中时，其产生的伦理问题将是无法估量的。因此，要高度重视人工智能在企业人力资源管理应用中的伦理问题，并对其进行深入剖析与探究。由于各个国家的经济、文化等存在较大差异，使得各个国家的伦理规范有着十分显著的区别，伦理基础也是多种多样，即便如此，全球国家都有一个相同的伦理规范，即尊重生命、尊重人的自主权。所以，在实际将人工智能结合到企业人力资源管理中时，不仅要遵从各个国家的法律制度，契合社会道德准则，同时还需要密切关注社会发展动态，对人工智能应用的伦理问题进行实时追踪和探究。

人工智能的不断发展对企业人力资源管理产生非常大的影响，企业应紧随时代发展步伐，做到与时俱进，在实践过程中积极完善人力资源管理模式。人工智能的运用，进一步降低了企业的人力资源管理成本，同时管理科学性也得到了极大改善，即便如此，机器与数据仅仅是人力资源的工具与方法，并非最终目的。不管是企业还是工作人员，在人工智能时代都必须加强自身的创新发展，这样才能保持自身竞争力，在将来获得更好发展。

第三节 区块链技术在人力资源管理中的运用

区块链的基础思想可以理解为：通过构建一个互联网上的公共账簿，任何一个使用者都可以参与输入、浏览、核验账簿中的数据，链上的信息都是公开透明、非对称加密且不易被修改的。因此，传统的信任中介即中心处理服务器是不需要的，这种记账方式在技术层面就可以保证数据真实可靠并且能够被追溯验证。①

一、区块链技术在人力资源管理中的作用

（一）吸纳先进的管理知识

要转变人力资源管理理念、吸收先进的管理技术、引入科学的管理工具，离不开持续学习管理知识、借鉴其他组织管理经验、吸取失败管理教训，这意味着要广泛地探索市场中的人力资源管理模式，更加迅速地接触国内外优秀管理方式。区块链技术的分布式数据库以及公开透明的特点可以在实现信息交流和经验共享方面发挥重要作用，例如，搭建一个管理资源共享平台，以便世界各国人力资源管理人员上传、讨论、下载相关的管理经验，促进组织的管理理念优化。

（二）提升团队专业技能

优秀的人力资源管理首先要求主管团队掌握专业技能，例如熟悉《中华人民共和国劳动法》以及地方法规以减少劳动纠纷、了解一些心理学知识有利于解决雇员的情绪问题、掌握一些财务知识以便控制项目各阶段成本。但是部分组织中存在管理人员专业性低、业务能力不强的问题。要提升其业务能力，可以加强对主管人员的技能培训，利用区块链技术搭建一个具备共识机制的培训平台，鼓励

---

① 雷舒晴. 区块链技术在人力资源管理中的运用 [J]. 人力资源，2023（16）：179.

人力资源管理人员参与培训。

（三）加强与业务部门的联系

目前部分组织存在人力资源管理部门与其他业务部门脱节的问题，各职能部门分散推进项目，阶段衔接需求不明确。要加强组织内部各部门之间的沟通联系，可以利用分布式账本数据库记录各职能部门业务需求与项目推进情况，以便人力资源管理部门明确各方需求，有针对性地制订招聘与培训等方案。

二、区块链技术与人力资源管理的结合

（一）使用方式

将区块链技术运用到人力资源管理中，实际上是要发挥区块链技术去中心化、分布式记账等特点，构建一个弱化雇用、去科层化、智能敏捷、高效灵活的人力资源管理体系。具体到人力资源管理模块中可以采用以下三个：一是利用人才信息共享平台及背调溯源技术筛选简历，提高甄别效率；二是利用智能合约执行绩效考核共识机制，自动记录评估雇员的奖惩情况，提高考核公平性和透明度；三是使用搭载区块链技术的电子合同，避免劳动关系数据被篡改或丢失。

（二）存在的风险与挑战

1. 技术尚不成熟

将区块链技术运用到人力资源管理中能够一定程度上优化其模式，但是将二者结合依然面临风险挑战。区块链技术依靠超大体量的数据分析和复杂的算法提高数据的可信性，但是加入人力资源管理业务的需求将进一步加大数据运行体量，同时链上参与节点的数据存储和传递同步负担也会相应增加。目前区块链技术发展尚不成熟，可能难以兼顾部分人力资源管理应用场景的性能要求，甚至出现数据系统性能或运行效率下降的问题。

2. 主体监管有待完备

区块链技术具有去中心化的特点，在强调平台自治的环境下在一定程度上淡

化了官方监管的概念。但是任何技术的发展、产业的创新都必须在监督管控下进行，否则将很难保证行业技术的有序发展。目前区块链技术本身的演进尚欠缺政府部门的监督，如果将其融入人力资源管理中则必须提供配套的合规性保护，否则可能颠覆整个行业的发展秩序。

3. 法律规范有待完善

区块链作为一种年轻的信息技术，尽管近几年在国内迅速发展，并开始在金融、税收、医疗等领域探索新的发展模式，但是目前大众对这项技术的认知仍存在局限性。区块链技术本身仍处于演进发展状态，很多领域的应用还没有达到能够制定法律规范的程度，因此区块链技术在法律监管方面必然存在欠缺，将区块链技术运用到人力资源管理中也存在巨大的法律风险。

三、区块链技术在人力资源管理中的运用实践

（一）各职能模块中的运用

传统人力资源管理中一直存在简历信息造假、应聘者背景调查成本高、绩效考核模糊、劳动报酬支付滞后、人力资源规划不完善等问题，这不仅导致劳资关系紧张，同时增加了组织运营成本和经营风险。区块链技术具有的去中心化、开发共享、共识算法等优点，能够有针对性地帮助解决这些问题，提供人力资源管理的优化思路。

（二）在人力资源各层次中的运用

人力资源管理在广义上可以分为以下三个层次：一是事务层面，二是技术层面，三是战略层面。这三个层次处理的工作不同，应对的业务要求也不同，但是区块链技术在一定程度上都能在其中发挥作用。

日常事务方面，考勤记录等机械性、重复性工作不需要花费太多精力，甚至运用区块链技术达成共识机制后自动执行智能合约并不需要人工操作这些工作。例如建立智能的人力资源管理信息系统，存储同步雇员的信息资料；利用简历信息共享平台自动筛选不符合条件的简历以及通过数据溯源甄别应聘者背景信

息等。

专业技能方面，人力资源管理者需要与其他部门业务对接，运用专业知识明确岗位职责和岗位规范，并以此为依据招录新人、提供培训以及考评奖惩绩效。在这一层次可以利用分布式记账本记录雇员的工作内容及完成情况，明确奖惩标准，以此为依据记录考核情况，避免由于人情关系随意更改考核信息，提高工作的透明度和公正性。

战略规划方面，需要灵活预测组织各阶段人才供需差距，促进各部门的业务工作协调对接，因而需要更宏观的管理视角。可以利用分布式记账的数据库记录各职能部门岗位需求并即时同步当前工作的完成情况，以便管理者更好地做出决策和规划。

尽管在现阶段将区块链技术与组织内人力资源管理结合的实例还比较少，这种新型的结合模式还没有对人力资源行业造成太大的冲击，将二者结合应用还存在技术不成熟、公众接受度低、市场难以监管、法律法规不完善等问题，但是不可否认，区块链技术确实有解决人力资源管理中现存问题的巨大潜力，随着技术的迭代更新以及影响力逐步扩大，区块链技术一定能全面深入、具体直接地在人力资源管理中发挥巨大作用。

第四节　数据挖掘技术在人力资源管理中的应用

一、数据挖掘的内涵与方式

数据挖掘技术可以从大量的人力资源数据中提取出有价值的信息，从而更好地支持人力资源管理决策。因此，如何利用数据挖掘技术，从大量的人力资源数据中提取出有价值的信息，从而更好地支持人力资源管理决策，成为大家关注的焦点。

数据挖掘是一个多学科交叉的领域，涵盖了统计学、机器学习、人工智能、数据库技术等多个学科的知识。数据挖掘是从大量的、不完全的、噪声中的、模糊的、随机的实际应用数据中，挖掘出隐含的、先前未知的且对决策有潜在价值的知识的过程。数据挖掘的主要方法可以分为以下五种类型。

一是分类和预测。分类是根据已知的类别对数据进行标记，而预测则是通过已有数据来预测未来的趋势。这两种方法都是最常用的数据挖掘技术之一，常用的算法有决策树、神经网络、支持向量机等。

二是关联规则。关联规则是用来发现数据集中的项之间的潜在关系，常用于购物篮分析、交叉销售等场景。著名的 Apriori 算法就是用于发现关联规则的。

三是聚类。聚类是一种将数据集分组的无监督学习方法，它将相似的对象归入同一类。常见的聚类算法有 K-means 算法、层次聚类算法等。

四是序列挖掘。序列挖掘是一种寻找数据间有序关系的方法，常用于时间序列分析、基因序列分析等领域。

五是异常检测。这是一种用于发现数据集中异常数据或者离群点的数据挖掘方法，常用于欺诈检测、故障检测等场景。

二、数据挖掘技术在人力资源管理不同环节的应用

（一）在招聘选拔中的应用

在招聘选拔过程中，数据挖掘技术的应用已经展现出巨大的价值。

首先，数据挖掘可以用于分析历史招聘数据，找出成功招聘的共同特征，从而形成更有效的招聘策略。例如通过分析过去的招聘数据，企业可以发现某些学历背景、技能或工作经历与高绩效员工具有高度相关性。因此，这些特征可以被用于优化招聘标准，使得企业在筛选应聘者时更加准确。[①]

其次，数据挖掘技术可以帮助企业更好地理解求职市场的动态。通过挖掘和分析包括在线招聘网站、社交媒体等在内的公开数据，企业可以了解到求职者的偏好、流行的职位和技能要求等信息，从而制定更符合市场趋势的招聘策略。

最后，数据挖掘可以帮助企业优化面试过程。面试过程中产生的大量数据，

---

① 林晨. 数据挖掘技术在企业人力资源管理中的应用 [J]. 中国集体经济, 2023 (34): 106.

如面试官的评价、面试者的反馈等，可以被用于评估面试过程的效果和公平性。例如数据显示某个面试官的评分总是偏高或偏低，那么企业可能需要对该面试官的评价标准进行调整。

（二）在员工发展与培训中的应用

在员工发展和培训过程中，数据挖掘技术也能发挥关键作用。通过对员工的能力、表现、兴趣及业务需求等多方面的数据进行深入挖掘和分析，企业可以更准确地识别员工的发展需要，制订个性化的培训计划，以便提升员工的技能和绩效。

一方面，数据挖掘技术可以帮助企业精准识别员工的能力差距。通过对员工的工作绩效、能力评估及全面反馈等数据进行深度分析，企业可以清晰了解每位员工在技术能力、领导力等各方面的优点和不足。基于这些信息，企业可以制订更精准的个人发展计划，针对性地提升员工的能力。另一方面，数据挖掘技术可以帮助企业优化培训计划。通过对以往培训效果的数据进行深度挖掘，企业可以了解到哪些培训课程对员工的技能提升效果最佳，哪些培训方法最受员工欢迎。基于这些数据洞见，企业可以不断优化培训课程的设计，提高培训的投入产出比。此外，数据挖掘技术也可以辅助企业进行人才梯队的建设。通过对员工的工作表现、发展潜力及公司的业务发展需求等数据进行分析，企业可以更科学地进行人才梯队的规划，确保关键岗位的人才储备。

（三）在绩效评估中的应用

在绩效评估中，数据挖掘的应用主要体现在构建全面、客观及公正的评估体系上，从而提高员工绩效管理的准确性和有效性。数据挖掘能够帮助企业通过深度分析各类工作数据，包括员工的工作量、工作质量、合作态度、客户反馈等，提炼出更具体、量化的绩效评估指标。这些指标比传统的依赖主管主观评价的方式更为客观，也更能体现员工的实际工作情况。同时，数据挖掘技术还可以通过对各个评估指标进行深度关联性分析，以更准确地反映员工的整体绩效。例如数据挖掘可以分析员工的工作量和工作质量之间的关系，以确定这两个因素对员工绩效的相对影响力。这样，即使某个员工的工作量不高，但如果他的工作质量极好，他的绩效评估也不会因此受到负面影响。此外，数据挖掘技术还可以帮助企业预测员工的绩效发展趋势，以便及时发现和解决潜在的绩效问题。通过对历史绩效数据的挖掘和分析，可以揭示出员工绩效的变化规律，从而帮助企业预测未来的绩效表现。如果发现某个员工的绩效有下降的趋势，企业可以提前进行干预，以防止绩效问题的发生。

（四）在离职管理中的应用

离职管理是企业人力资源管理中的一项重要职能，对于企业的稳定发展具有重要影响。数据挖掘在离职管理中的应用，可以帮助企业理解员工离职的动态，预测离职风险，并提出有效的人力资源策略。

首先，通过对历史离职数据进行深入挖掘和分析，企业可以了解到哪些因素可能导致员工离职，如薪资水平、工作满意度、职业发展空间、工作压力、上级管理、企业文化等。这些数据的深度分析能帮助企业洞察员工离职的原因，为企业提供调整人力资源政策的依据，例如调整薪酬制度、提升工作环境等。其次，数据挖掘技术可以用于离职风险预测。通过构建和训练预测模型，利用员工的历史数据，包括工作绩效、工作满意度、薪资变动、职位变动等因素，来预测员工未来的离职概率。一旦发现某员工具有高离职风险，企业可以尽早进行干预，如及时沟通、调整工作职责或者提供职业发展机会等，以降低员工离职的可能性。最后，数据挖掘还可以帮助企业优化离职后的管理。通过分析离职员工的反馈信息，企业可以了解离职员工对企业的看法和建议，从而进一步改善企业的人力资源管理，降低未来的离职率。

三、数据挖掘在人力资源管理应用中存在的机遇与挑战

（一）存在的机遇

随着信息化和数字化的快速发展，大数据和数据挖掘技术的应用为人力资源管理带来了许多新机遇。

第一，大数据和数据挖掘技术能够帮助人力资源部门提高决策的准确性。通

过对大量人力资源数据的挖掘和分析，企业能够更深入地了解员工的需求和行为，从而做出更为精准的决策，如员工的招聘、培训、评估和留任等方面。

第二，数据驱动的人力资源管理有助于优化人力资源配置，提高人力资源的使用效率。例如数据挖掘技术可以用于分析员工的工作效率和工作满意度，帮助企业找出影响这些指标的关键因素，从而优化人力资源配置，提高整体工作效率。

第三，数据挖掘技术可以帮助企业预测人力资源的未来趋势，为企业的长期战略规划提供依据。例如企业可以通过分析历史数据来预测未来的员工流动情况，以及需要招聘的关键岗位等。需要指出的是，虽然大数据和数据挖掘技术为人力资源管理带来了许多机遇，但同时也面临各种挑战。

（二）面临的挑战

虽然数据驱动的人力资源管理在企业中的应用具有很大的潜力和机遇，但实际应用中也面临各种挑战。这些挑战主要包括数据收集与整理、数据分析技术和工具的选取、人才缺口、数据隐私与安全以及数据驱动的文化建设等。

1. 数据收集与整理方面

在数据收集与整理上，员工的行为和反馈数据常常分散在不同的系统和平台上，如内部沟通平台、绩效评价系统、培训系统等。而将这些数据整合到一起，需要投入大量的时间和精力。此外，数据的质量也对数据驱动的人力资源管理有着直接的影响，但在实际操作中，由于数据的错漏或者不一致，往往会对数据分析的结果产生负面影响。

2. 数据分析技术和工具的选取方面

在技术和工具选取上，企业面临多元化的数据分析工具和方法选择。选择合适的工具，需要对各类工具的优劣进行评估，并根据企业的具体需求和实际情况进行决策，这无疑增加了实施的难度。在人才方面，企业在引进和培养具备数据分析能力的人才上，也面临挑战。

3. 人才缺口方面

随着数据科学和大数据分析的发展，人才市场上的需求远大于供给，导致人才引进的成本高昂；同时，现有的 HR 团队可能缺乏必要的数据分析技能，需要进行培训和进一步地教育。

4. 数据隐私与安全方面

在数据隐私与安全上，处理员工的个人数据时，企业需要遵循相关法规，保护员工的隐私权。

5. 数据驱动决策

如何在利用数据驱动决策的同时，尊重并保护员工的隐私，是企业需要面对的重要问题。

6. 数据驱动的文化建设

数据驱动的文化建设也是一项挑战。尽管很多企业已经认识到数据的重要性，但要真正将数据融入决策过程，需要企业建立起数据驱动的文化，并持续推动和优化。

参考文献

[1] 王知桂. 人力资源管理［M］. 厦门：厦门大学出版社，2014.

[2] 蔡东宏. 人力资源管理［M］. 西安：西安交通大学出版社，2014.

[3] 贺小刚，刘丽君. 人力资源管理［M］. 上海：上海财经大学出版社，2015.

[4] 董克用. 人力资源管理概论［M］. 4版. 北京：中国人民大学出版社，2015.

[5] 葛玉辉. 工作分析与工作设计实务［M］. 北京：清华大学出版社，2011.

[6] 方振国，邬定国，人力资源管理［M］. 北京：人民邮电出版社，2017.

[7] 刘昕，薪酬管理［M］. 4版. 北京：中国人民大学出版社，2014.

[8] 万莉，薪酬管理［M］. 上海：上海财经大学出版社，2014.

[9] 文跃然. 薪酬管理原理［M］. 2版. 上海：复旦大学出版社，2013.

[10] 丁桂凤. 人力资源开发与管理［M］. 北京：中国经济出版社，2016.

[11] 戈麦斯-梅西亚，鲍尔金，卡迪. 人力资源管理［M］. 8版. 刘宁，蒋建武，张正堂，译. 北京：北京大学出版社，2018.

[12] 陈维政. 等，人力资源管理［M］. 3版. 北京：高等教育出版社，2011.

[13] 加里·德斯勒，陈水华. 人力资源管理［M］. 亚洲版·第二版. 北京：机械工业出版社，2012.

[14] 钱振波. 人力资源管理：理论·政策·实践［M］. 北京：清华大学出版社，2004.

[15] 彭剑锋. 人力资源管理理论［M］. 上海：复旦大学出版社，2011.

[16] 冯江平. 人力资源管理［M］. 北京：高等教育出版社，2012.

[17] 暴丽艳，徐光. 人力资源管理［M］. 北京：清华大学出版社，2010.

[18] 赵曙明. 人力资源战略与规划［M］. 北京：中国人民大学出版社，2011.

[19] 陈胜军. 人力资源管理［M］. 北京：清华大学出版社，2012.

[20] 候娟娟. 人力资源管理［M］. 北京：经济科学出版社，2010.

[21] 萧鸣政. 工作分析的方法与技术［M］. 3版. 北京：中国人民大学出版社，2010.

［22］宋源. 人力资源管理［M］. 上海：上海社会科学院出版社. 2017.

［23］吴永波. 信息技术对企业人力资源管理模式的影响与优化［J］. 现代经济信息，2022（17）：143-145

［24］张田妹. 基于大数据下人力资源管理信息化建设探讨［J］. 财经界，2023（5）：174-176.

［25］魏晓霖. 信息化背景下企业人力资源管理模式创新研究［J］. 商场现代化，2023（10）：102-104.

［26］王玥. 人力资源管理信息化模式创新分析［J］. 现代商业，2023（3）：76-79.

［27］张淑芳. 浅谈企业员工激励机制发展现状和对策［J］. 商务必读，2022（3）：205-206.

［28］康丽娥. 浅谈员工福利管理优化［J］. 业界百色，2018（10）：32-34.

［29］吴丹. 基于人工智能的企业人力资源管理策略研究［J］. 上海商业，2022（12）：205-207.

［30］雷舒晴. 区块链技术在人力资源管理中的运用［J］. 人力资源，2023（16）：179-182.

［31］林晨. 数据挖掘技术在企业人力资源管理中的应用［J］. 中国集体经济，2023（34）：105-108.